Inclusão & Educação

COLEÇÃO
TEMAS & EDUCAÇÃO

Maura Corcini Lopes
Eli Henn Fabris

Inclusão & Educação

3ª REIMPRESSÃO

autêntica

Copyright © 2013 As autoras
Copyright © 2013 Autêntica Editora

Todos os direitos reservados pela Autêntica Editora. Nenhuma parte desta publicação poderá ser reproduzida, seja por meios mecânicos, eletrônicos, seja via cópia xerográfica, sem a autorização prévia da Editora.

COORDENAÇÃO DA COLEÇÃO
TEMAS & EDUCAÇÃO
Alfredo Veiga-Neto

CONSELHO EDITORIAL
Alfredo Veiga-Neto (UFRGS), *Carlos Ernesto Noguera* (Univ. Pedagógica Nacional de Colombia), *Edla Eggert* (UNISINOS), *Jorge Ramos do Ó* (Universidade de Lisboa), *Júlio Groppa Aquino* (USP), *Luís Henrique Sommer* (UNISINOS), *Margareth Rago* (UNICAMP), *Rosa Bueno Fischer* (UFRGS), *Sílvio D. Gallo* (UNICAMP)

EDITORA RESPONSÁVEL
Rejane Dias

EDITORA ASSISTENTE
Cecília Martins

REVISÃO
Dila Bragança de Mendonça

CAPA
Alberto Bittencourt

DIAGRAMAÇÃO
Christiane Morais

Dados Internacionais de Catalogação na Publicação (CIP)
(Câmara Brasileira do Livro, SP, Brasil)

Lopes, Maura Corcini
   Inclusão & Educação / Maura Corcini Lopes, Eli Henn Fabris.
-- 1. ed. ; 3. reimp. -- Belo Horizonte : Autêntica Editora, 2020.
-- (Coleção Temas & Educação)

   ISBN 978-85-8217-118-9

   1. Educação especial 2. Educação inclusiva 3. Inclusão social
4. Pedagogia 5. Política educacional I. Fabris, Eli Henn. II. Título.
III. Série.

13-09535   CDD-370.115

Índices para catálogo sistemático:
1. Educação inclusiva   370.115

GRUPO **AUTÊNTICA**

Belo Horizonte
Rua Carlos Turner, 420
Silveira . 31140-520
Belo Horizonte . MG
Tel.: (55 31) 3465 4500

São Paulo
Av. Paulista, 2.073, Conjunto Nacional, Horsa I
23º andar . Conj. 2310-2312 Cerqueira César .
01311-940 São Paulo . SP
Tel.: (55 11) 3034 4468

www.grupoautentica.com.br

Sumário

Capítulo I - Das balizas para abordar o
tema da inclusão 7

Capítulo II - A emergência histórica da
inclusão: distinções conceituais e
contexto político 19

A governamentalidade e a educação como
estratégia na constituição dos sujeitos 20

Capítulo III - Norma, normação,
normalização, normatização e normalidade 41

Exclusão, inclusão e in/exclusão:
todas as leituras possíveis no presente 60

Capítulo IV - As políticas de inclusão:
movimentos da educação especial à
educação inclusiva 77

Educação especial e seu lugar nas práticas
de inclusão 85

Educação inclusiva 103

Capítulo V - Espaços onde a inclusão é
tema central ou onde saber mais 115

Referências 121

As autoras 127

Capítulo I

DAS BALIZAS PARA ABORDAR O TEMA DA INCLUSÃO

Que é inclusão? Quando podemos dizer que estamos incluídos? Quais os limites da inclusão e da exclusão? O que distingue a inclusão, da reclusão, da integração e da reinserção social? Desde quando a palavra inclusão passou a ser articulada à educação no Brasil? O que significa entender a inclusão como um imperativo de Estado? Por que falar de inclusão e de exclusão como duas palavras não é mais suficiente para a leitura e a problematização do vivido no presente? In/Exclusão seria uma proposta conceitual que permite ler o caráter subjetivo das relações vividas em nosso tempo? Por que é fundamental submeter a noção de inclusão a uma crítica radical? O que caracteriza a inclusão pelo viés da educação especial e pelo viés da educação inclusiva?

Este livro problematiza, dentro de um panorama geral, a crescente preocupação com a inclusão no Brasil em especial com a educação inclusiva no País. Ao mostrar que a inclusão – ao ocupar o *status* de imperativo de Estado e tornar-se uma das estratégias contemporâneas mais potentes para que o ideal da universalização dos direitos individuais seja visto como uma possibilidade – se insere dentro da grade de inteligibilidade que promove, entre outras coisas, a ampla circulação das pessoas, os fluxos internos nos organismos de Estado, a diversidade, a diferenciação entre coisas comparáveis e visíveis, o borramento de fronteiras, o consumo, a produção cultural, a concorrência e a competição entre indivíduos, a autonomia, o empreendedorismo, a caridade, a solidariedade, etc.

Anunciadas as questões e os atravessamentos que mobilizam nossos anseios e nos conduzem a pensar de outro modo a inclusão, bem como as balizas que sinalizam uma forma de olhar para a temática localizando-a em uma grade de inteligibilidade política-contemporânea, continuemos com o mapa do trabalho.

*

Em um primeiro momento, discutimos a noção atual e emergente da inclusão buscando entendê-la como um processo datado advindo dos muitos movimentos sociais, econômicos e culturais produzidos na história da Modernidade. Buscamos na Modernidade ferramentas que possibilitam conhecer e problematizar as tramas discursivas que inventaram a inclusão como uma necessidade primordial de nosso tempo. Em um segundo momento, fizemos uma discussão sobre os conceitos que antecederam a emergência da inclusão, bem como sobre os conceitos que estão esmaecidos frente a este. Trata-se dos conceitos de *reclusão*, de *integração* e de *reinserção social*. Definir tais conceitos e posicioná-los historicamente permite-nos limpar a compreensão do termo inclusão para que possamos submetê-lo a uma *crítica radical*. Em um terceiro momento, tensionamos a noção de *inclusão* e de *educação inclusiva*, bem como a noção de *in/exclusão* – esta fortemente pautada em processos de subjetivação –, visando mostrar e defender nossa tese que, na atualidade, apontar processos de exclusão e de inclusão estão cada vez mais difíceis, pois as fronteiras que separam incluídos de excluídos nem sempre são tão visíveis. Com esse argumento, defendemos a necessidade de utilizarmos outra palavra para marcar as condições de *discriminação negativa* vividas por grupos ou sujeitos silenciados e ignorados pelo Estado e pela sociedade. Castel (2008, p. 13) afirma que a *discriminação negativa* deve ser entendida e encaminhada diferentemente das *discriminações positivas*. As *discriminações positivas* podem ser compreendidas como aquelas que "consistem em fazer mais por aqueles que têm menos" e que possuem como princípio "desdobrar esforços suplementares em favor de populações carentes de recursos a fim de integrá-los ao regime comum e ajudá-los a reencontrar este regime". Por exemplo, discriminar positivamente na escola é ação fundamental para que seja possível atender as especificidades de aprendizagem de cada sujeito, bem como as especificidades que determinam suas condições de participação com dignidade nas relações com o outro. Em oposição, a *discriminação negativa* é aquela que diferencia marcando ou estigmatizando o sujeito. Para Castel (2008) ser discriminado negativamente é algo que impõe ao sujeito uma condição menor.

Diríamos que tal tipo de discriminação, infelizmente ainda muito comum no Brasil devido, entre outros elementos, a sua história política, econômica de colônia, de colonização e de país que luta para sair da condição de miséria e de pobreza absoluta de uma parcela considerável da população, é aquela que constitui a alteridade para a exclusão do outro e de si mesmo. Para entendermos e problematizarmos os processos de *discriminação negativa*, de silenciamentos econômicos, étnicos e culturais e de apagamentos dos sujeitos, esses considerados pelo Estado como cidadãos, faz-se necessário ir além de entendimentos binários que opõem a inclusão da exclusão. Propomos a noção de *in/exclusão*, como uma maneira de dar visibilidade ao caráter subjetivo que está implicado nos processos de discriminação negativa e nos processos de degradação humana. *In/exclusão* seria uma forma de dar ênfase à complementaridade dos termos ou a sua interdependência para a caracterização daqueles que, mesmo vivendo em situação de rua, de cárcere, de discriminação negativa por sexualidade, gênero, situação econômica, religião, etnia e não aprendizagem escolar, não podem ser apontados como excluídos. Todos vivem processos de *in/exclusão* e, para além desses, todos estão constantemente ameaçados por tal condição. Na última parte deste livro trazemos algumas pesquisas que nos possibilitam aprofundar o entendimento do que foi apontado até o momento, além de indicar aos leitores outras produções sobre o tema, bem como divulgar pesquisas e livros que muito podem contribuir para o amadurecimento dessa discussão.

*

Antes de iniciarmos nossas investidas na problematização do termo inclusão e as suas relações com a educação, pensamos ser fundamental esclarecer de que lugar nos posicionamos para olhá-la e problematizá-la. Pensar e problematizar a inclusão ou pensar qualquer outro tema que foi inventado em uma atmosfera moderna para democratizar acessos, para "garantir" igualdade a todos, é entendido muitas vezes como um movimento de direita ou como um movimento de oposição à inclusão. Dentro de uma leitura binária e, sem dúvida, simplificada das formas de vida do presente, aqueles que criticam são aqueles que não possuem consciência política e/ou social. Diante dessa possibilidade de leitura e de interpretação modernas pensamos ser importante esclarecer, desde já, o lugar de onde partimos para olhar para o tema da inclusão. Imersas nas práticas de inclusão e, portanto, nas relações de poder estabelecidas no presente, olhamos e nos posicionamos de forma a sempre fazer movimentos de *resistência* e de *contraconduta* à inclusão. Sustentadas em Michel Foucault (2005) entendemos *resistência* como em um jogo de forças produzidas no interior das formas de vida, que obriga as relações de poder a mudarem e a se ressignificarem. Assim como entendemos *contraconduta* como uma *atitude* que exige posicionamento, comprometimento com o outro e outras formas de condução (FOUCAULT, 2008a), ou seja, uma atitude comprometida do ser consigo e com o outro que não nega o direito de acesso e de participação de todos em todas as instâncias sociais, mas que luta para que tais direitos sejam atingidos de formas diferentes daquelas que comumente usamos para incluir. Com isso, afirmamos que não somos contra a inclusão tida como um imperativo de Estado, mas ao problematizar as práticas que a constituem como tal, buscamos outras formas de condução à inclusão. Por isso, ao problematizar a inclusão não estamos dizendo não a ela, não estamos simplesmente negando-a ou sendo contra ela. Ao nos posicionarmos como pesquisadoras e autoras que pensam, analisam e problematizam a inclusão a partir de autores pós-estruturalistas, também a criamos, a transformamos e, enfim, participamos ativamente do processo de invenção da própria noção de inclusão.

Partilhamos da ideia de que os movimentos de diferentes grupos e sujeitos que sofrem por diferentes formas de discriminação negativa ou por condições precárias de vida e de educação por reconhecimento das suas condições de vida são legítimos e uma das condições necessárias para que o Estado os localize, reconheça e viabilize condições para que saiam das posições de risco individual e social que ocupam. Ao reconhecer isso não estamos afirmando que essa é a forma de resolver o problema da inclusão ameaçada, mas estamos afirmando que, embora o fortalecimento das representações seja uma condição necessária para que a inclusão se estabeleça de outras formas, essa não é condição suficiente para uma vida com dignidade para todos ou para eliminar a ameaça constante da in/exclusão. Por essa razão é que propomos neste livro fazer uma *crítica radical* à inclusão e às práticas que a constituem. Queremos olhar para o *foco da experiência* da inclusão, buscando entender as condições de sua emergência no presente e no campo da educação. Para tanto, torna-se fundamental fazer uma crítica radical à inclusão.

*

Foucault afirma, em entrevista concedida a Didier Éribón, publicada na revista *Liberatión*: "A crítica consiste em desentocar o pensamento e em ensaiar a mudança; mostrar que as coisas não são tão evidentes quanto se crê, fazer de forma que isso que se aceita como vigente em si não o seja mais em si" (2006, p. 180). Assim sendo, o que queremos neste livro é problematizar a inclusão, dentro do recorte do campo da educação, a partir do difícil exercício da crítica radical a nós mesmos, ou seja, queremos fazer uma crítica radical aos especialistas que criam sentidos para a inclusão, sustentam políticas, leis e as formas de materializá-las. No livro *História da sexualidade II*, Foucault indaga sobre o exercício da crítica radical afirmando que ela não tem por propósito legitimar o que já se sabe, mas consiste em um empreendimento de saber como e até que ponto seria possível pensar de outro modo. Devido ao entendimento de que a inclusão é um *imperativo de Estado*, ou seja, que deve atingir a todos sem distinção e independentemente dos desejos dos indivíduos, fazer uma *crítica radical* a ela exige algumas precauções linguísticas e acadêmicas. A primeira precaução é esclarecer os entendimentos que se tem de *crítica*, de *radical* e, por fim, de *crítica radical*.

Por *crítica*, entendemos uma forma de apreciação epistêmica e/ou epistemológica, estética ou moral sobre um tema, uma obra ou um acontecimento que se observa ou se analisa. Ela não é da ordem de um transcendente que paire sobre uma dada realidade, mas provém das crises que fazem desencaixar elementos que constituem uma racionalidade; isso significa que ela não está na exterioridade da racionalidade de onde emerge. Por *radical*, entendemos uma base, um fundamento ou uma raiz que permite conhecer conjuntos de práticas que, articuladas, possibilitam a emergência daquilo que se observa ou se analisa. Por *crítica radical*, portanto, entendemos a busca, na raiz dos acontecimentos, as distintas condições de possibilidade daquilo que o determina. Fazer a crítica radical à inclusão significa, então, conhecer, analisar e problematizar as condições para a sua emergência. Significa também problematizar as diversas práticas discursivas que determinam verdades sobre a inclusão e a produtividade do envolvimento da educação em uma racionalidade política neoliberal de Estado. Dessa forma, como já dissemos, mas vale frisar, fazer uma *crítica radical* à inclusão não significa ser contra ela, tampouco ignorar ou subestimar os muitos movimentos econômicos, políticos, comunitários, educacionais e identitários pró-inclusão. Não se trata de tomar uma postura contra ou a favor da inclusão, mas sim de tomá-la como um imperativo, forjado na Modernidade a partir da noção de exclusão, ou seja, trata-se de entendê-la como uma invenção de um tempo moderno e que ganha o maior destaque na Contemporaneidade devido, entre outros aspectos, às desigualdades acentuadas entre os sujeitos, suas formas de vida e condições econômicas, culturais, sociais, religiosas, individuais, etc.

A segunda precaução de muitas formas está associada à primeira: trata-se do afastamento das investidas salvacionistas que determinam muitos dos discursos que constituem o campo da educação e, por extensão, os temas e os sujeitos que são produzidos em tal campo. Não se trata de pensar a inclusão como algo da direita sobre a esquerda, dos dominantes sobre os dominados, dos normais sobre os anormais, nem mesmo como uma conquista de esquerda ou das minorias negativamente discriminadas ao longo da história. Tampouco se trata de reduzir a compreensão da inclusão (e dos sujeitos envolvidos nos processos de inclusão) nos limites das ações de Estado. Os sujeitos e a inclusão são também produtos das inúmeras técnicas de governamento sobre a população. Por fim, não se trata de negar ou rejeitar a política de inclusão em nome de uma qualidade do que é espontâneo, de uma originalidade ou naturalidade na forma de ser e de agir. Não há exterioridade em relação ao poder, pois sempre estamos presentes e desejosos de seu jogo (FOUCAULT, 2003). Assim sendo, como afirma Senellart (1995, p. 2) "é inútil opor à razão política uma maneira de pensar não política". Para pensar a inclusão, sendo ela um imperativo de Estado, parece ser interessante inventar *contracondutas* (FOUCAULT, 2008a).

Contraconduta implica, além do que já foi mencionado neste capítulo, não fazer oposição à inclusão como movimento maior, mas lutar por outras formas de ser conduzido não necessariamente à inclusão, mas para a universalização e o gozo dos direitos.

Tensionar a inclusão inscreve-se na problematização do governamento e da governamentalidade. Dessa forma, justificamos nosso interesse em mostrar a produtividade de trabalhar com os conceitos de *inclusão, educação* e *governamentalidade*.

Portanto, na busca por pensar a inclusão de outro modo é que propomos olhar para o tema de forma a provocar nele algumas rachaduras que nos possibilitem uma *atitude contemporânea de inclusão* (PROVIN, 2011), ou seja, que nos possibilitem problematizar a inclusão não somente mobilizados pela obediência (pura e simples) à lei, nem pela militância disciplinar (que tem na ordem seu princípio regulador), nem pelo caráter salvacionista (fortemente produzido pelo humanismo e pelas raízes judaico-cristãs que carregam) e nem pela necessidade de mudanças emergentes das condições do País frente às exigências do presente. Queremos pensá-la pela vontade de articular a experiência de viver o coletivo e de ter nossas condutas dirigidas de forma mais coerente com a noção de direito, nesse caso, à educação para todos. Para tanto, as pesquisas realizadas no Grupo de Estudo e Pesquisa em Inclusão (GEPI), Grupo credenciado no Conselho Nacional de Desenvolvimento Científico e Tecnológico (CNPq), ao qual pertencemos, serão fundamentais para sustentar nossa forma de entendimento fortemente construída sobre bases teóricas filosóficas e sociológicas de argumentação.

*

O Grupo de Estudo e Pesquisa em Inclusão (GEPI/CNPq), assim denominado desde 2006, está sediado na Universidade do Vale do Rio dos Sinos e é composto por pesquisadores de distintas universidades do Estado do Rio Grande do Sul (RS).[1] Tais pesquisadores têm em comum a pesquisa no campo da educação e o interesse em investigar e estudar a emergência da problemática da inclusão sob uma perspectiva pós-estruturalista. As pesquisas desenvolvidas pelo GEPI abarcam desde as relações estabelecidas em sala de aula (da escola básica ao ensino superior) até as relações entre práticas e políticas educacionais, de saúde e de assistência social. Portanto, os pesquisadores abrangem um número significativo de pesquisas que permitem abarcar a inclusão resguardando desdobramentos complexos que se entrecruzam.

As pesquisas desenvolvidas no grupo estão alicerçadas em uma perspectiva pós-estruturalista que busca na concepção, principalmente de Michel Foucault e autores afins, entender as distintas condições de possibilidade que nos permitem pensar práticas, políticas, enfim, pensar e tensionar os campos discursivos em que a inclusão emerge.

Ao focar a inclusão a partir dos usos construídos em distintos grupos e/ou instâncias sociais, os pesquisadores a veem ora como um *imperativo de Estado*, ora como uma *estratégia* para fazer operar o princípio da *educação para todos*. Independentemente de como ela é tomada, o que nos interessa é a recorrência com que é referida tanto no campo da educação quanto no campo das ciências econômicas, sociais e políticas.

---

[1] Atualmente o GEPI conta com a participação de pesquisadores da Universidade Federal do Espírito Santo e da Universidade Federal de Roraima. Todos envolvidos na pesquisa "Inclusão e subjetividades docentes", financiada pelo CNPq.

Conforme nossas investigações avançam, estamos tentadas a dizer que quanto mais festejamos a diferença no Brasil – tomada como sinônimo de diversidade e de identidade – mais trilhamos o caminho inverso àquilo que seria estar simplesmente disponível e aberto ao outro. Portanto, as discussões da inclusão ganham expressão na mesma medida em que as discussões da identidade e da comunidade aumentam e na mesma medida em que o viver com o outro, sem ter uma pauta de como olhá-lo ou narrá-lo, se perde.

Enfim, é importante pontuar que o GEPI está na retaguarda de nossas afirmações, questionamentos, pesquisas e das discussões feitas neste livro. É importante pontuar também que o Grupo tem sido precursor nas discussões sobre inclusão no que se refere à abordagem foucaultiana que faz sobre o tema. Ao atribuir ao GEPI uma vanguarda de pesquisa, não queremos, de forma alguma, apagar ou desconsiderar a existência de muitos grupos de pesquisa sobre a temática da inclusão e da educação inclusiva, existentes hoje no Brasil. Inclusive, nesse aspecto, algumas das pesquisadoras que compõem o GEPI também integram o Grupo Interinstitucional de Pesquisa em Educação de Surdos (GIPES/CNPq). As pesquisas e a produção do GIPES são potentes para a construção do olhar que temos sobre a inclusão e a inclusão de surdos na escola comum. Embora não vamos entrar em detalhes sobre tal inclusão, pensamos que é fundamental citar aqui o atravessamento do GIPES no GEPI e, portanto, nas enunciações feitas neste livro. Em vários momentos das discussões feitas neste livro, autores de outros grupos[2]

---

[2] Núcleo de Estudos em Políticas de Inclusão Escolar coordenado por Cláudio Roberto Baptista da Universidade Federal do Rio Grande do Sul. GEPE – Grupo de Estudos e Pesquisa em Educação Especial e Inclusão, coordenado por Maria Inês Naujorks da Universidade

de pesquisa serão chamados para a conversa para nos auxiliarem a tensionar a temática da inclusão ora entendida como lugar de chegada dos professores, ora como o oposto da exclusão, ora como simplesmente estar juntos no mesmo espaço físico, ora como uma mudança paradigmática, etc.

As pesquisas realizadas pelo GEPI, entre outras mobilizadas por outros grupos de pesquisa brasileiros, além de presentes ao longo do livro estão também de acordo com a estrutura que caracteriza os livros para esta coleção, citadas no último capítulo do livro. Além delas, são citados *sites* e obras que permitem aos interessados saber mais sobre o referido tema.

Federal de Santa Maria; NEPED – Núcleo de Estudos e Pesquisas em Educação e Diversidade, coordenado por Luciana Pacheco Marques da Universidade Federal de Juiz de Fora; GPESP – Educação Especial: Interação e Inclusão Social, coordenado por Soraia Napoleão Freitas da Universidade Federal de Santa Maria; Grupo de Pesquisas SINAIS: Sujeitos, Inclusão, Narrativas, Identidades e Subjetividades, coordenado por Adriana da Silva Thoma da Universidade Federal do Rio Grande do Sul; Educação Especial: formação de profissionais, práticas pedagógicas e políticas de inclusão escolar, coordenado por Denise Meyrelles de Jesus da Universidade Federal de Vitória; Infância, Cultura, Inclusão e Subjetividade, coordenado por Sônia Lopes Victor da Universidade Federal de Vitória; Núcleo de Estudos e Pesquisas em Direito à Educação – Educação Especial, coordenado por Kátia Regina Caiado da Universidade Federal de São Carlos, entre outros, que não demos conta de citar aqui, mas que podem ser consultados no site <http://www.dgp.cnpq.br>.

Capítulo II

A EMERGÊNCIA HISTÓRICA DA INCLUSÃO:
DISTINÇÕES CONCEITUAIS E CONTEXTO POLÍTICO

*Necessitamos de uma consciência
histórica da situação presente*
(FOUCAULT, 1995, p. 232)

Dizer que a inclusão é uma das temáticas recorrentes do presente ou dizer que discuti-la é algo necessário parece ser algo comum em cada abertura de texto. Porém, dizer que a temática da inclusão está em plena sintonia com as emergências do presente, ou seja, com a ordem discursiva do presente, parece ser algo um pouco distinto. Distinto porque está implicada aí a noção de rede discursiva e de constituição do presente.

Os discursos sobre a inclusão geram efeitos de verdade distintos nos sujeitos. Portanto, para analisar a inclusão não basta mapear o presente a partir de coleta de políticas, leis, regulamentos, histórias de vida, testemunhos, estatísticas, etc. É condição para entender a sua emergência focar acontecimentos passados, buscando estabelecer, sempre de forma arriscada e perigosa, relações entre acontecimentos aparentemente desconexos, mas que são capazes de nos fazer entender aquilo que nos tornamos, aquilo pelo que lutamos e aquilo que acreditamos no presente. Nesse sentido, a citação que abre este capítulo faz referência a uma "consciência histórica da situação presente", ou seja, não se trata de resgatar uma consciência perdida, dominada e discriminada que faça explicar o presente como uma consequência da história de sucessivos processos de exploração de classe, dos sujeitos, etc. Trata-se de nos imbuir de uma consciência histórica (datada e localizada) capaz de entender o dado histórico como acontecimento – forjado por regimes de verdade estabelecidos dentro de jogos de forças assumidos por distintos campos discursivos, tais como a economia, medicina, psicologia, educação, pedagogia, direito, ciências sociais, entre outros.

Na esteira de outra forma de historicizar o presente ou de querer pensar de outro modo a inclusão, neste capítulo objetivamos mostrar os deslizamentos históricos dos usos da palavra e, relacionados a ela, das palavras *exclusão, reclusão* e *integração*. Atravessadas em tais palavras outras aparecem dando o contexto analítico em que nos posicionamos para desenvolver nossa problematização. Referimo-nos às palavras *norma, normação, normalização e normalidade*. Todas elas, no contexto das análises, fazem parte de uma grade de inteligibilidade capitalista (neo) liberal tecida de forma distinta na Modernidade e na Contemporaneidade.

A governamentalidade e a educação como estratégia na constituição dos sujeitos

> [...] o que hoje reconhecemos como inclusão carrega a herança do século XVIII, bem como os sentidos de normalização dos indivíduos produzidos no século XIX (LOPES; RECH, 2013, p. 211).

Entender a inclusão e como ela passou a ser tomada tanto como um *imperativo de Estado* (LOPES,

2009) quanto uma *estratégia educacional* para que tal imperativo entre em operação, implica partir do entendimento de sua imposição a todos pela condição vital que carrega dentro de uma racionalidade neoliberal, bem como implica entender os variados e amplos usos da palavra desde o que podemos apontar, com todo o risco que isso representa, como sendo os primórdios da Modernidade. Conforme Lopes e Rech (2013, p. 212) a inclusão

> [...] se materializa na atualidade como uma alternativa econômica viável para que os processos de normação e de normalização se efetivem, bem como para que outras formas de vida não previstas na Modernidade – por exemplo, mais empreendedoras, autossustentadas e autônomas – se expandam no tecido social. Dessa forma, *inclusão como imperativo* implica, pelo seu caráter de abrangência e de imposição a todos, que ninguém possa deixar de cumpri-la, que nenhum instituição ou órgão público possa dela declinar.

Sendo assim, de uma forma crescente a inclusão tem sido potencializada visando, entre outras conquistas, minimizar os prejuízos e as inúmeras exclusões geradas pelas práticas que exploraram e discriminaram segmentos da população ao longo da história. Tais práticas abarcam todos aqueles que sofreram, em distintos tempos e espaços, discriminação negativa, ou seja, todos aqueles que ao serem discriminados, não foram devidamente contemplados e escutados do lugar onde enunciam suas verdades e suas necessidades. Referimo-nos a todos aqueles que, por distintas razões econômicas, de gênero, raça-etnia, deficiências físicas, cognitivas, sensoriais, entre outras, foram negados e silenciados pelo próprio Estado e marcados historicamente pela discriminação negativa. Para focar o Brasil, o final do século XX e o início do século XXI estão marcados por viradas econômicas, culturais e tecnológicas capazes de tornar mundiais as realidades locais, até então pouco visíveis, embora ameaçadoras para a situação do País que luta para diminuir a miséria, ofertar sistema de saúde para todos, educar e escolarizar a população, etc. Nos inúmeros investimentos realizados no Brasil, talvez o maior deles seja o levantamento populacional para que se tornem visíveis os números da discriminação. É preciso conhecer com detalhes as condições de vida de cada indivíduo para que não se potencializem em problemas impensados e incontroláveis para o Estado. O cálculo do risco se torna o grande investimento em uma sociedade que precisa mostrar resultados e melhorar sobremaneira sua *performance*. Sem dúvida, em um país como o Brasil que, além de diferenças radicais, também tem uma geografia continental, o governamento da população é uma tarefa que exige investimentos a longo prazo.

Ao pensar nas condições de *governamento* da população, nos ocorre que este, juntamente com a noção de *governo* e de *governamentalidade,* necessite estar bem definido para melhor encaminharmos a escrita e a leitura deste livro. Para Veiga-Neto (2002), *governamento* e *governamentalidade* seriam palavras mais adequadas para problematizarmos as formas de condução das condutas de uns sobre os outros quanto às ações dos sujeitos sobre si mesmos. A palavra *governo* remete àquele que governa (o chefe de Estado, o chefe de família, o diretor da escola), portanto não seria a palavra mais adequada para nos referirmos aos processos de condução das condutas caracterizadas pela palavra em francês, utilizada por Foucault: *gouvernement*. Para melhor traduzir para o português tais processos de condução, Veiga-Neto (2002, p. 19) sugere que se utilize *Governo*, com "G" maiúsculo, para se referir à "[...] instituição do Estado que centraliza ou toma para si a caução da ação de governar", traduzindo dessa forma *gouverne* por *Governo*. Porém, quando quisermos nos referir às "ações distribuídas microscopicamente pelo tecido social" (VEIGA-NETO, 2002, p. 21) o autor sugere que utilizemos a palavra *governamento* para traduzir o termo *gouvernement*. Na mesma busca de uma tradução mais adequada para o português da palavra *gouvernamentalité*, que significa em Foucault, o conjunto de ações de *governamento* somadas às ações de subjetivação, Veiga-Neto propõe *governamentalidade*.

Foucault nos cursos *Segurança, território e população* (ministrado no Collège de France, em 1977-1978) e *Nascimento da biopolítica* (ministrado em 1978-1979) além de deixar explícito seu interesse pelo tema do (neo)liberalismo, nos ofereceu percursos investigativos para que pudéssemos entender que a governamentalização é uma constante que caracteriza o Estado moderno. Ao mostrar o interesse do Estado na população, mostra também a necessidade de se governar racionalmente e de se articular em torno de dispositivos de segurança (FOUCAULT, 2008a). Conforme uma de nós já escreveu em outro momento, Foucault entendia que o (neo)liberalismo era um conjunto de práticas que constituem formas de vida "cada vez mais conduzidas para princípios de mercado e de autorreflexão, em que os processos de ensino/aprendizagem devem ser permanentes" (LOPES, 2009, p. 108). Foi no curso de 1978-1979 que Foucault desenvolveu uma trama de análise que lhe permitiu examinar o Estado na relação com o liberalismo. De acordo com ele (2008b), a partir do século XVIII, torna-se possível observar as conexões entre práticas de *governamento* e regimes de verdade. De acordo com Lopes e Dal'Igna (2012, p. 854):

> [...] nesse contexto o mercado se tornará um dos objetivos privilegiados para a prática governamental, um quadro de referência para analisar as formas de governamento, um lugar de verdade [...] se antes, no Estado administrativo, a arte de governamento estava relacionada à razão de Estado, no Estado de governo liberal, ela aparece associada ao mercado – trata-se de uma relação entre governamento (economia máxima) e liberdade econômica (livre-mercado).

Conforme as autoras, a relação do Estado com o mercado, além de deslocar ênfases, ampliam as conduções desenvolvidas pela racionalidade liberal. Entre os séculos XVIII e XX foram muitas as modificações da governamentalidade. Miller e Rose (2012) ao problematizar as muitas formas de governamentalidade observáveis em tempos e espaços distintos, constataram *semelhanças de família* (Wittegeinstein, 1979) entre elas. Isso significa, de acordo com os autores, que havia semelhanças entre distintas práticas e ações em distintas esferas nas quais se caracterizam concepções e ações de condução/governo distintos. Ao afirmar isso, entendem que em momentos de crises, quando denúncias de diferentes ordens são feitas, e em que alternativas são levantadas para a condução das condutas da população, novas governamentalidades emergem. Dessa forma, é possível afirmar que práticas de *governamento* e de *subjetivação* (ação do sujeito sobre ele mesmo) são modificadas e/ou deslocadas de foco fazendo emergir outras formas de *governamentalidade*, dadas pelas contingências políticas, sociais, econômicas, educacionais, etc. enfrentadas respeitando recortes temporais e espaciais. Se entendermos que as contingências determinam as formas de vida, também entenderemos que elas determinam os tipos de Governos. Portanto, para além de possíveis críticas que possamos fazer àqueles que governam, torna-se fundamental entender que as crises e as mudanças nas formas de governamentalidades guardam em si perspectivas de outros tempos e, em certa medida, de "esperança". Então, se nas crises da governamentalidade está o otimismo, no Governo, que precisa enfrentar a crise, estão de forma imanente as inúmeras possibilidades de falha. Ao afirmar isso, queremos definir três coisas: (a) ao fazer neste livro uma crítica às ações pontuais de Governo referentes à inclusão e a tudo aquilo que a define e definiu em outros momentos, de qualquer Governo, não estamos sendo favoráveis a uns e contrários a outros, mas estamos tensionando as práticas para melhor compreendê-las em sua produtividade; (b) qualquer Governo é sempre ineficiente considerando as necessidades geradas pelas inúmeras formas de governamentalidade; e (c) enquanto as crises e as lutas existirem definindo deslocamentos de ênfases nas formas de investir e de conduzir a população, haverá outras governamentalidades ou outras possibilidades de sermos diferentes do que éramos.

    Talvez com uma dose de otimismo de nossa parte entendemos que, por mais críticas que façamos à inclusão e à forma com que ela vem se estabelecendo como um imperativo político do Estado brasileiro – ao observarmos os muitos movimentos das ruas, de seguimentos específicos da população que, por estarem informados sobre as condições possíveis de vida e organizados para lutar por dignidade e pelos seus direitos –, ela é uma forma de ação otimista sobre nós mesmos. Uma forma de ação que permite o borramento de fronteiras que dividiam de um lado os incluídos, portanto normais, e, de outro lado, os excluídos, portanto anormais (seja por situações individuais, marcadamente presentes no corpo, seja por determinismos estatísticos).

Voltamos para as famílias de governamentalidades para podermos prosseguir com a discussão que aqui nos interessa fazer, qual seja, pensar a inclusão como estratégia do Estado brasileiro para fazer acontecer um tipo de governamentalidade alinhada com nosso tempo, ou seja, de tipo neoliberal. Para tanto, pensamos que vale dizer de antemão que, na carona de Foucault (2008a, 2008b) e na carona de autores que o interpretam, bem como de outros autores que tematizam a Contemporaneidade, assumimos o liberalismo e o neoliberalismo ou o liberalismo avançado como formas de governamentalidade. Formas de governamentalidade porque agem no cruzamento das ações de governamento e das ações de subjetivação.

Para Miller e Rose (2012), no liberalismo o Estado estava limitado a si mesmo ao determinar o que estava diretamente ligado a ele e o que estava fora dele ou em zonas estranhas a ele. Os autores consideram estranho ao Estado tudo que tinha condições de autocondução – "vida privada, mercado, sociedade civil, e assim por diante, que tinham sua própria densidade e autonomia, e não eram apenas criaturas de 'razão de Estado' a serem conhecidas, dominadas e administradas à vontade." (MILLER; ROSE, 2012, p. 29). Isso significa que toda a maquinaria política, de muitas formas, dependia de distintos agentes governantes "estranhos" ao Estado – "[...] igrejas, organizações filantrópicas, sindicatos e sociedades filantrópicas, e assim por diante" (MILLER; ROSE, 2012, p. 29). Da segunda metade do século XIX em diante, foi necessária a expansão do Estado. No movimento de ampliação de seus domínios, novas obrigações foram somadas, mesmo não estando de acordo com alguns liberais da época. Na virada do século XIX para o século XX novas formas foram sendo desenhadas para o Estado que passou a governar o social, ou seja, as condições históricas, econômicas e políticas estavam configuradas de forma que qualquer governo teria de ser social, ou seja, conforme Miller e Rose (2012, p. 29):

> [...] um tipo de governo social era necessário caso se quisesse ter condições de combater a combinada ameaça de um desenfreado individualismo de mercado e da revolução comunista. Esta era a terceira via ou caminho do meio originais para salvar o empreendimento privado, para transformar os sujeitos em cidadãos sociais, com direitos sociais. Tornou-se técnico mediante a invenção do seguro social, do bem estar social, certamente da própria invenção do seguro social [...]

Uma nova concepção de Estado passava a ser desenhada como sendo responsável pelo bem-estar dos indivíduos e, ao mesmo tempo, passavam a ser desenhadas novas estratégias de governamento com a finalidade de fazer cada indivíduo se responsabilizar por si próprio, mas sem cair no individualismo, dentro dessa nova concepção. Dessa forma, emergiram vários profissionais do social capazes de constituir e analisar os sujeitos para aquele tempo – sujeitos dóceis e capazes de serem corrigidos a partir das intervenções de distintos especialistas.

Embora diferentes autores anunciassem o que chamamos de "liberalismo avançado" ou neoliberalismo posteriormente ao pós-guerra, foi aproximadamente nas três últimas décadas do século XX que a forma do neoliberalismo se configurou com mais expressão. Conforme Miller e Rose (2012), nos anos 1990 vimos a consolidação das críticas ao Estado tanto pela esquerda quanto pela direita. A crise da forma da governamentalidade liberal exigia outras configurações de condução das condutas e das necessidades da população. Novas tecnologias de governo eram inventadas com a finalidade do gerenciamento a distância dos governados. Passava a emergir com intensidade uma nova concepção de sujeito – autônomo, provedor, proativo, gerente e empresário de si mesmo, ocupado com o outro no sentido de mantê-lo sob vigilância e que goza de plena liberdade para fazer suas escolhas.

Contudo, conforme Miller e Rose (2012), ambas as formas de governamentalidade (liberal e neoliberal) se mostraram falhas para resolver as necessidades, os problemas e os impasses criados no movimento articulado da história dos indivíduos – cada vez mais individualistas –, da população e das muitas maneiras de educar e governar. Entre as soluções propostas visando dar conta das emergências que exigiam novos encaminhamentos, estava a emergência da noção de comunidade, pensada como um núcleo de governo. Agora, diante da insegurança, do aumento do risco social, da ampla informação, do individualismo e do caráter competitivo que assumiram o Estado e os indivíduos, estes já governamentalizados na ordem neoliberal, talvez estejamos assistindo à crise ou à mudança da forma neoliberal de governamentalidade.

Tais mudanças foram desencadeadas, entre outras razões, pela necessidade de gerir de outras formas a liberdade econômica e as crises geradas pelo próprio processo de modernização e massificação dos direitos. Tais crises impunham retomadas e reavaliações constantes do projeto liberal, bem como impunham uma série de condições que caracterizam o que denominamos de liberalismo avançado ou neoliberalismo. Conforme Veiga-Neto (2000, p. 198) o neoliberalismo traz uma "reinscrição de técnicas e formas de saberes, competências, expertises, que são manejáveis por expertos e são úteis tanto para a expansão das formas mais avançadas do capitalismo quanto para o governo do Estado". Conforme Lopes e Dal'Igna (2012, p. 854-855), isso significa que existem no mínimo duas mudanças significativas que valem ser ressaltadas entre o liberalismo e o neoliberalismo:

> Primeiro, o liberalismo propunha que o Estado fosse regulado pela economia de mercado – livre mercado. O neoliberalismo propõe que a livre troca seja pouco a pouco substituída pela concorrência e competição – lógica da empresa; segundo, para o liberalismo, a liberdade de mercado podia ser mantida, desde que não produzisse distorções sociais. Para o neoliberalismo, os processos sociais serão analisados sob a grade de racionalidade de mercado – todas as condutas, de certa maneira, passam a ser reguladas por essa lógica.

Assim, considerando a abordagem neoliberal, é possível afirmar que na Contemporaneidade a arte de governar é constituída por práticas que instituem uma racionalidade econômica que opera tanto sobre as condutas de cada indivíduo quanto sobre a população que se necessita governar. Na economia de governamento que busca a obtenção de maiores resultados a partir de investimentos mínimos (Foucault, 2008a), é possível ver a ampla participação de todos em todos os espaços sociais, econômicos, educacionais, etc. Entre outros elementos, o espaço passa a definir o Estado. Conforme Veiga-Neto e Lopes (2013), as práticas de governamento capturam cada vez mais o espaço e as diferenças culturais. Isso significa que há maior articulação entre disciplina, norma e *biopoder*. Dessa forma, o Estado no neoliberalismo de forma diferente do liberalismo, se fortalece operando como um mediador social que articula e cria estratégias capazes de gerir a vida de cada indivíduo e do coletivo da população.

Diante disso, conforme Lopes e Dal'Igna (2012, p. 855):

> A inclusão aparece como uma forma de alcançar tanto o coletivo da população – por meio de biopolíticas –, quanto cada indivíduo em particular – por meio das inúmeras operações de disciplinamento e correção das anomalias. A dependência existente entre a noção de biopoder e de população, bem como entre tecnologias disciplinares e de controle, torna-se evidente e produtiva para o Estado promover condições diferenciadas de vida.

Portanto, promover a vida passa pela promoção do *bios*. Foi a partir do século XVIII que o poder em torno da vida se organizou tanto no âmbito disciplinar (sobre o indivíduo) quanto no âmbito da biopolítica (sobre a população, entendida como corpo-espécie de múltiplas cabeças). Conforme Castro (2009, p. 58), o biopoder "serviu para assegurar a inserção controlada dos corpos no aparato produtivo e para ajustar os fenômenos da população aos processos econômicos".

Foucault (2008a) destacou práticas de condução das condutas baseadas no exercício de poder capilarizado nas redes de relações, ao entender que no Estado governamentalizado as ações de governo da população são desenvolvidas em uma atmosfera política liberal que primava pelo desenvolvimento da equação, em outras palavras já comentada por nós anteriormente, da aplicação mínima de poder para a garantia de resultados de eficiência máximos. Nesse contexto, a vida biológica da população ocupou a centralidade das preocupações do Estado que, ao investir em mecanismos, estratégias e dispositivos para o cuidado, a educação, a regulação e a segurança, aprimorou seu domínio sobre todos. Porém, tal centralidade e tal domínio não fizeram desaparecer as desigualdades entre as inúmeras situações de vida que compunham a população.

As várias mudanças e crises vividas no século XIX modificaram a vida da população e fizeram aparecer ainda mais desigualdades entre burguesia e trabalhadores, ricos e pobres, normais e anormais, etc. Conforme Dussel e Caruso (2003, p. 161), as grandes invenções que contribuíram para modificar a relação dos sujeitos com o espaço e o tempo propiciaram contrastes populacionais significativos e problemáticos para a Modernidade. Nas palavras dos autores "a expansão das estradas de ferro, a conquista de países e reinos na África e na Ásia, as descobertas científicas, a difusão das letras foram elementos que dotaram as sociedades de uma riqueza superior e que lhes deram uma fisionomia muito diferente da que possuíam anteriormente." Os comerciantes, os industriários, os vários segmentos das elites educadas, dos funcionários públicos e da população abastada impuseram suas formas de governamento. Isso significa que a burguesia liberal de algumas regiões e países da Europa[3] impôs a todos um ritmo de vida, um tipo de sociedade, de moral e de Estado. Tais imposições, em

---

[3] Conforme Dussel e Caruso (2003, p. 162), "no final do século 19, os impérios da Grã-Bretanha, França, Alemanha, Bélgica, Portugal, Holanda e Itália compreendiam quase todo o planeta, com exceção do Japão e da China".

contrapartida à crescente pobreza e precariedade de vida de uma parcela significativa da população que era explorada economicamente e desrespeitada, fizeram emergir correntes políticas socialistas, anarquistas e comunistas. Em síntese, todo o conjunto referido acima somou condições de possibilidade para que mais tarde emergisse um Estado de bem-estar social. A expansão demográfica, associada à expansão do capitalismo, fez gerar uma engrenagem instável e insegura de produção, consumo e de melhoria das condições de vida daqueles que conseguiam participar e se beneficiar dos jogos econômicos da época.

Frente ao exposto, torna-se mais fácil entender as muitas mudanças efetivadas do século XVIII em diante. Governar uma população cada vez maior com mais mobilidade, com mais necessidades e com ameaças sociais, econômicas e legais crescentes, constituiu-se em uma escala crescente, um dos maiores desafios da Modernidade. Como uma de nós escreveu em outro texto, as técnicas disciplinares vistas anteriormente à expansão capitalista foram atualizadas mantendo uma posição de destaque nas práticas de educação e de governamento. As disciplinas foram integradas em um sistema mais complexo capaz de maior produtividade em um ritmo acelerado de vida. O Estado, não podendo mais se voltar somente para cada indivíduo em particular, como era possível de ser observado antes do final do século XVIII, abrange, também e com maior ênfase no século XIX em diante, a regulação da população (Lopes, 2013).

A institucionalização da educação nas escolas foi uma das invenções da Modernidade que mais tem contribuído para que a população seja educada desde a mais tenra idade e para que políticas de Estado se estabeleçam como princípios de organização da vida em sociedade. Varela e Alvarez-Uria (1992), ao apontar a invenção da infância, a criação de um espaço específico destinado à educação das crianças, o aparecimento de especialistas dedicados a "explicar" os comportamentos e as respostas das crianças, o combate a outras formas de educação e, por fim, a institucionalização da escola como sendo obrigatória, explicitam as condições de possibilidade para que tal instituição se efetivasse na Modernidade como um espaço que não surge de imediato. É possível dizer que a íntima relação da escola com o Estado só passa a ser produzida como algo útil no processo da governamentalização do Estado, do final do século XIX em diante.

Conforme Menezes (2011), resultante das inúmeras revoluções (inglesa, francesa, industrial) que aconteceram desde o século XVII, do final dos séculos XVIII e XIX vimos se configurar uma nova ordem que acreditava na necessidade de uma sociedade democrática, com direito à igualdade e cujo *direito de todos à educação* fosse uma condição para se atingir o progresso. Conforme Varela e Alvarez-Uria (1992) são condições para o progresso (a) educação de todos (materializada no letramento da população); (b) a superação da irracionalidade (considerada típica daqueles que não tinham acesso à educação ou ignorantes); (c) o controle das classes populares; (d) a transformação das formas de vida das classes consideradas perigosas.

A escola passou a ser um espaço útil para o Estado, que necessitava por princípio de governo disciplinar a população para poder manter sob controle todos os indivíduos e os segmentos sociais que pudessem ameaçar a ordem declarada. Portanto, nos séculos XIX e XX se desenvolve um modo de vida cuja implementação exige o fortalecimento da escola como uma das instituições capazes de educar os indivíduos para a racionalidade, para o exercício de consciência de si mesmo e para a autocondução e o autogoverno. Dito de outro modo, cabe à escola da Modernidade produzir os sujeitos capazes de integrar a sociedade de sua época, guardadas as proporções e os interesses burgueses, balizada pelo princípio da *educação para todos*.

Como uma instituição moderna construtora da Modernidade, a escola investiu na formação de sujeitos racionais, contidos e capazes de investir em si próprios. Menezes (2011, p. 84) argumenta:

> Esse sujeito, produzido como consciente de si, acaba sendo responsabilizado pelo que lhe acontece, pela gestão de sua independência. De forma consciente deve, portanto, tomar suas decisões, fazer livremente suas escolhas e responsabilizar-se por elas, é preciso então bem escolher, e, como falamos em uma sociedade governamentalizada, é preciso, ainda, escolher bem pelo bem de todos, da população.

Em uma lógica moderna e kantiana, o sujeito capaz de conduzir a si próprio é aquele que já atingiu a maioridade ou aquele que já foi conduzido pela boa educação e disciplina durante a menoridade. Corresponsável por sua saída da condição de menoridade, o homem deve procurar e desejar se autoconduzir. Para tanto, duas condições são apontadas por Kant: (a) a capacidade de discriminar ações de obediência de ações de racionalidade; (b) a capacidade de distinção do uso privado e público da razão.

A obediência se estabelece em uma condição de tutela em que o homem, se não for capaz de se orientar e distinguir suas ações, necessita da racionalidade do outro para decidir por ele. A ausência de racionalidade capaz de levantar razões que possam balizar decisões tomadas é a justificativa para que a condução da conduta se estabeleça. Dessa forma, se aproximam a criança, o jovem, o deficiente, o louco, entre outras figuras que aprendemos em diferentes tempos e espaços a definir como incapazes de racionalidade e autocondução. A diferença entre tais figuras seria que os dois primeiros (a criança e o jovem), se bem conduzidos e submetidos à educação institucionalizada, teriam condições de atingir a maioridade, enquanto os demais (os deficientes, os inaptos, os loucos, etc.), devido à condição de "irracionalidade", sempre estariam sob suspeita e constante vigilância.

Disciplina era uma condição importante para que a criança pudesse se desenvolver. Portanto, conforme Lopes e Silveira (2010, p. 16)

> [...] o cuidado com a disciplina e com a instrução poderia garantir uma educação moral para todos aqueles que tivessem disposição. Difícil tarefa dada à educação, converter o selvagem e inclinado naturalmente à liberdade a ser alguém moralmente colocado dentro de princípios estabelecidos em uma noção de civilidade e em uma noção de conhecimento acumulado – alta cultura.

A segunda condição, ou seja, o discernimento do uso privado e público da razão se dá pela necessidade pública de cada indivíduo pensar o bem comum. Essa tarefa só é possível a partir da subjugação do indivíduo à lei, à regra e à disciplina. Não há uso da liberdade, nem mesmo preocupação com o bem comum para além do bem individual, sem que cada indivíduo seja educado e submetido a preceitos racionais. A cada recém-chegado deveriam ser apresentadas as razões para viver civilizadamente, ou seja, pela razão subordinamos o privado ao público e regulamos a liberdade individual.

Dessa forma, na modernidade kantiana, a maioridade é atingida pelo uso livre e regulado da razão. Isso significa que a educação dos indivíduos deve criar instâncias e instituições que balizem e ensinem a tomada de decisões. Como uma obra de *arte*, a educação tem que criar formas de ensino capazes de conduzir os indivíduos a conquistar a independência, o que significa saber se autoconduzir sem infringir padrões individuais e coletivos. Nas palavras de Kant (1996, p. 22) "não se deve educar as crianças segundo o presente estado da espécie humana, mas segundo um estado melhor [...] isto é, segundo a ideia de humanidade e da sua inteira destinação". Articulada à Modernidade e à condução do outro está a noção de destino, de transcendência, de planejamento e de acontecimentos futuros. O tempo está subordinado à ação humana, portanto depende do presente, das condições humanas e da história de cada um as condições do futuro.

Pineau (2008) afirma que a escola é a instituição que encaminhou melhor o projeto da Modernidade educando os homens para um tipo de sociedade projetada para um tempo que virá. Por isso, se mantém até os dias de hoje como instituição educacional fundamental, encarregada de fazer a mediação entre o sujeito e aquilo que ele deve conhecer e ser. Encarregada de humanizar e corrigir os indivíduos, a escola moderna investe na disciplina. Para Kant (1996) a disciplina tem a função de transformar a animalidade em humanidade e estimular as qualidades naturais típicas da humanidade. Com esses objetivos foram feitos investimentos na produção de conhecimentos capazes de posicionar e explicar os comportamentos observáveis dos sujeitos, assim como foram criadas técnicas pedagógicas para possibilitar o ensino e o disciplinamento de todos.

Por carregar em potência as condições que possibilitarão a nossa humanização, necessitamos ser conduzidos até nos tornarmos capazes de nos autogovernar. O desenvolvimento orientado para o autogoverno é fundamental para que aconteça o desenvolvimento do conjunto da população.

Se na Modernidade a disciplina foi parte do mantra que a envolveu e a tonalizou, na Contemporaneidade a segurança e a necessidade cada vez maior de autogoverno integraram os rituais educacionais. Dussel e Caruso (2003, p. 159) afirmam:

> Enquanto muitas gerações viveram sem nenhum tipo de atenção por parte dos governantes, estes observaram que as populações – que são, afinal, o reservatório de mão-de-obra para a economia – devem ser administradas. Aparecem a medicina social, as estatísticas de nascimento e de mortalidade, e os programas sociais; o Estado percebe que é necessário dar garantias contra riscos e acidentes de trabalho, controlar casualidades, implantar a idéia de um bem-estar comum com a contribuição de todos [...].

As práticas de regulação e de controle, somadas às práticas de disciplinamento dos indivíduos e de correção de seu corpo, tiveram na escola um produtivo campo de intervenção sobre os escolares, que, orientados desde cedo a estar e a permanecer na escola, se tornam alvos fáceis das ações de Estado. Conforme esses autores, três foram as mudanças nas formas de governar os escolares – (a) estender ao professor as práticas de sujeição às ações disciplinares; (b) a higiene do corpo e a educação moral e cívica acrescentada entre os ensinamentos que deveriam ser feitos pelos professores; e (c) fortaleceu-se a pedagogia como campo discursivo sobre a arte de ensinar e, posteriormente, em nossos dias, sobre a arte de conduzir para o *aprender a aprender* (LOPES, 2013).

Noguera-Ramírez (2011), ao tensionar a noção de sociedade de aprendizagem, resume alguns deslocamentos que, além de encerrar a discussão que estamos fazendo neste capítulo – ao mostrarmos os deslocamentos das formas de governamentalidade observáveis, com mais força, desde o século XVIII até nossos dias –, mostra as novas exigências para a formação das crianças nas escolas. Para o autor, "se educação, instrução e *Bildung* prevaleceram entre o fim do século XVIII e o fim do século XX e, segundo parece, dos primórdios do século XIX, o conceito de aprendizagem (*learning*) será o conceito preponderante do século XX e, segundo parece, dos primórdios do século XXI" (NOGUERA-RAMIREZ, 2011, p. 230).

O conceito de *aprendizagem* ao ser exaltado pelas teorias psicológicas passou a dar destaque àquele que aprende, ou seja, o indivíduo. Assim, discursos pedagógicos, psicológicos, biológicos passaram a estar alinhados e a fornecer elementos que tornam atrativo tal conceito para o campo empresarial e de mercado. Portanto, se até pouco tempo a aprendizagem era uma preocupação quase única da escola, hoje ela é uma preocupação de mercado, pois forjar aquele capaz de *aprender a aprender* ou o *aprendiz para toda a vida* é tarefa que necessita da união de esforços de distintos setores sociais, educacionais e de mercado. União de esforços para que os indivíduos possam estar preparados para conduzir a si mesmos na busca incessante de novos desafios. Dessa forma, a noção de inclusão se potencializa como uma *estratégia educacional*. Por ela, ao aproximar sujeitos diferentes (que possuem histórias distintas e porque partem de posições e condições biológicas, sensoriais, cognitivas, físicas além das econômicas, culturais e religiosas distintas), estamos fazendo investimentos em capital humano. O borramento das fronteiras que na Modernidade mantinha o normal sempre contrastado binariamente com o anormal que estava próximo, mas ainda mantido total ou parcialmente do tempo, em reclusão – em espaços especiais –, possibilitou que ao conviverem e ao observarem uns aos outros, operassem sobre si práticas compensatórias e de autossuperação.

A inclusão operada como uma estratégia educacional necessita de *antropotécnicas*[4] capazes de inscrever os indivíduos, todos os indivíduos, em práticas de empoderamento. O sucesso de qualquer um é mérito do próprio indivíduo. Talvez tal exaltação do indivíduo esteja tornando-o cada vez mais individualista; e o individualismo é uma das variáveis que provocaram as tensões-crises que abalaram a forma da governamentalidade liberal. Porém, assim como o individualismo tornou insuficientes as propostas de Estado para as necessidades dos sujeitos e das sociedades liberais, assim também ameaça a própria governamentalidade neoliberal devido à exacerbação e o descontrole do indivíduo. Tal indivíduo cada vez mais individualista tem no outro alguém que necessita tolerar, ajudar e

---

[4] Marin-Diaz (2012), em sua tese de doutorado, faz uma discussão ímpar sobre as *antropotécnicas* na Contemporaneidade. A pesquisa que realizou fez uma análise dos exercícios e das técnicas de si promovidos pelos discursos de autoajuda, como uma das estratégias, uma potente estratégia, utilizada no último século, na condução da conduta de si e dos outros. A autora argumenta que o longo processo de individualização tem produzido condições para uma crise de governamento, expressada na excessiva centralidade do "eu". Nesse sentido, a tese defendida por ela se aproxima dos argumentos utilizados por nós nesta parte do capítulo em que mostramos as razões que determinaram parte das crises que abalaram formas específicas de governamentalidade desde a Modernidade.

fazer caridade, ou alguém com quem compete constantemente, ou alguém com quem se aliar e se fortalecer em questões pontuais, ou, ainda, alguém que está aí, mas que não o afeta e não o interessa. Nesse cenário neoliberal, ameaçado pela própria criação, ou seja, pelo individualismo exacerbado, pensar a inclusão é um desafio que necessita ser assumido pelo Estado na parceria com o mercado. Ambos e juntos criam formas de condução de cada indivíduo de modo a criar uma inter-relação de dependência financeira. Queremos dizer que todos, de algum modo, ao se tornarem empresários de si mesmos, assumem o risco de gerenciar a sua própria vida e a vida daqueles que integram a sua rede de relações. Todos devem participar ativamente de gradientes de produtividade, ou seja, todos devem ser capazes de se manter incluídos, mesmo que com a tolerância dos pares.

Mesmo sem concluir a discussão sobre a atmosfera em que discursos sobre a inclusão emergem, encaminhamos a escrita para um afunilamento conceitual. No próximo capítulo, aberto para sermos mais didáticas na condução dos leitores, desenvolveremos conceitos fundamentais para a compreensão da relação *governamentalidade e inclusão*. São eles: *norma, normação, normalização* e *normalidade*. Nosso investimento, além de fornecer mais ferramentas de trabalho para quem pesquisa o tema da inclusão, pretende mostrar deslocamentos vistos na história e capazes de dar razões para o aparecimento no Brasil, da palavra *inclusão*, somente no final do século XX.

Capítulo III

Norma, normação, normalização, normatização e normalidade

Em conjunto com o Grupo de Estudo e Pesquisa em Inclusão (GEPI/UNISINOS/CNPq), temos afirmado que, para podermos entender a inclusão, é interessante conhecer todo um mecanismo de *normação* (típico de uma sociedade disciplinar) e de *normalização* (típico de uma sociedade denominada por alguns como de seguridade, por outros de controle ou ainda de normalização), pois ambos constituem as práticas que determinam a inclusão no presente. É interessante também conhecer um conceito que cada vez mais aparece com força entre os especialistas da saúde e da educação: o conceito de *normalidade*. Para pensarmos tais conceitos, é fundamental partir da noção de *norma*.

Para Foucault (1999, p. 302) é possível afirmar que o que circula entre o disciplinar e o regulamentador e o que vai se aplicar da mesma forma ao corpo e à população e que permite simultaneamente "controlar a ordem disciplinar do corpo e os acontecimentos aleatórios de uma multiplicidade biológica, esse elemento que circula entre um e outro é a 'norma'. A norma é que pode tanto se aplicar a um corpo quanto a uma população que ser quer regulamentar". Ewald (1993, p. 86) afirma que a norma funciona como "um princípio de comparação, de comparabilidade, de medida comum, que se institui na pura referência de um grupo a si próprio, a partir do momento em que só se relaciona consigo mesmo." É possível entender que, além de ser instituída no grupo e pelo grupo, a norma possui um caráter fundamentalmente prescritivo. Veiga-Neto e Lopes (2007), baseados em Ewald, afirmam que a *norma*, ao operar como uma medida e um princípio de comparabilidade, age no sentido de incluir todos, segundo determinados critérios que são construídos no interior e a partir dos grupos sociais. Para os autores, sempre de forma prescritiva, a *norma* age ou provocando ações que homogeneízem as pessoas, ou provocando ações que exaltem as diferenças a partir de referenciais comunitários. Então, a *norma* age tanto na definição de um modelo tomado *a priori* aos próprios sujeitos quanto na pluralização dos modelos que devem ser referência para que todos possam se posicionar dentro de limites locais, e uns em relação aos outros.

Ambas as formas de operação da *norma* – uma agenciada por dispositivos disciplinares e a outra por dispositivos de seguridade ou de normalização – não são excludentes uma da outra. Elas existem em um jogo constante de forças, pois ambas são necessárias junto às artes de governar. Enquanto os dispositivos disciplinares e modernos emergem para descrever, identificar, posicionar, corrigir e controlar os corpos, os dispositivos de seguridade emergem como "estratégias para governar a população a partir do jogo entre liberdade e segurança" (LOPES; LOCKMANN; HATTGE; KLAUS, 2010, p. 12).

Para frisar o que já afirmamos, para Foucault (2008a), nos dispositivos disciplinares a *norma* opera na população por *normação* e nos dispositivos de seguridade ela opera por *normalização*. A norma disciplinar é constituída a partir de um normal universal.

Isso significa que primeiro se define a *norma* e depois se identificam os sujeitos, sempre de forma dicotômica ou polarizada, como normais e anormais, incluídos e excluídos, sadios e doentes, deficientes e não deficientes, aprendentes e não aprendentes, ricos e pobres, brancos e negros, etc. Por *normalização* marcamos um processo inverso ao de *normação*. A *normalização* parte do apontamento do normal e do anormal dado a partir das diferentes curvas de normalidade, para determinar a *norma*. Isso significa que "a operação de normalização consistirá em fazer interagir essas diferentes atribuições de normalidade e procurar que as mais desfavoráveis se assemelhem às mais favoráveis" (FOUCAULT, 2006, p. 83).

Para Foucault (2008a), *operações de normalização* consistem em "fazer essas diferentes distribuições de normalidade funcionarem umas em relação às outras [...]. A norma está em jogo no interior das normalidades diferenciais. O normal é que é o primeiro, e a norma se deduz dele [...]" (FOUCAULT, 2008a, p. 83). Nas operações de normalização, portanto, estão colocadas as muitas ações biopolíticas que, ao agir sobre os indivíduos da população, visam trazer para *zonas de normalidade*[5] aqueles que estão sob risco.

Castro (2009) afirma que Foucault, ao caracterizar a Modernidade com base nas formas de exercício de poder, equipara-a com a época da *normalização*, ou seja, uma época em que o poder se exerce tanto como disciplina quanto como biopolítica sobre a população. O poder age sobre o domínio da *norma disciplinar* (tendo como alvo o indivíduo) e sobre o domínio da

---

[5] Mais adiante, neste capítulo, abordaremos a partir de Robert Castel, uma possibilidade de leitura de zonas sociais balizadas por duas grandes variáveis: trabalho e relação social.

norma de seguridade (tendo como alvo o corpo espécie da população-biopolítica). Nessa lógica, onde se cruzam tipos distintos de normas, *normalizar* significa uma ação de dobradiça onde se articulam no sujeito as práticas disciplinares e as de regulação. Nessa linha de normas que convivem e que agem com mais ou menos ênfase em determinados espaços e comunidades, afirmamos que a *normalidade* (média) somada à noção de *inclusão como imperativo de Estado*, agem contando com um outro tipo de operação, ou seja, a *normatização*. Para Veiga-Neto e Lopes (2006), a *normatização* é o que designa, estabelece e sistematiza as normas. Assim, é possível entender que "dispositivos *normatizadores* são aqueles envolvidos com o estabelecimento das normas, ao passo que os *normalizadores* [são] aqueles que buscam colocar (todos) sob uma norma já estabelecida e, no limite, sob a faixa de normalidade (já definida por essa norma)" (Veiga-Neto; Lopes, 2006, p. 35-36). Dando ainda mais destaque às práticas normalizadoras e normatizadoras, Waldschmidt (2005) entende que a *normatização* constitui uma terceira norma: as *normas normativas*. Segundo a autora é a *norma normativa* que possibilita o controle e a regulação do Estado sobre a vida de cada um e da população. Se tomarmos a *normativa* como uma terceira norma, conforme encaminhado pela autora, é possível dizer que na Contemporaneidade convivem *normas disciplinares*, de *normalização* e de *normatização*. As normas que agem pelas médias estatísticas e as normas que agem a partir da criação de regras sociais e legais (normativas) parecem ser aquelas que se destacam no presente. A *norma normativa* é aquela capaz de regular e controlar as ações individuais com a finalidade de proteger a sociedade. Por mais que Veiga-Neto e Lopes não tenham assumido a *normativa* como uma outra forma de norma, não discordam da sua importância no conjunto de ações de condução da população. Com o entendimento que no neoliberalismo o Estado e o mercado se fundem, bem como que o Estado se torna forte no que se refere à gestão da vida e do controle do risco social, a *normatização* é o limite que, construído dentro da lógica de assegurar a vida dos indivíduos, possibilita manter sob controle os comportamentos individuais, bem como os comportamentos forjados no interior das comunidades (estas também criam verdades, formas de ser e normativas de vida que regulam e determinam no detalhe seus integrantes).

Na Contemporaneidade a *norma de segurança* ou de *normalização* é constituída a partir do normal que é determinado no interior das comunidades e ou grupos sociais. Isso significa que primeiro está dada a *normalidade* dos grupos para depois ser estabelecido o normal para ele. É do *normal* instituído nas comunidades que se pode apontar o *anormal* e definir a *normalidade* para aquele grupo. Portanto, a *normalidade* – naquilo que convencionamos chamar de *sociedade de segurança ou de normalização* –, pode ser entendida como situação que se movimenta em um espaço de fronteiras frágeis, maleáveis e negociáveis de acordo com os desejos dos sujeitos e dos grupos que eles integram. Ela não pode ser entendida, assim como era possível compreendê-la na Modernidade ou na sociedade disciplinar, como algo dado ou como uma condição permanente.

Diferentemente do exposto no parágrafo acima, a *normalidade* deve ser compreendida como um campo móvel ou *zona de instabilidade* em que desafios se impõem como convites para sermos constantemente outros ou para sermos diferentes do que éramos, mas coerentes com as tramas em que nos encontramos e nos balizamos. Assim, por *normalidade* naquilo que alguns autores denominam de *sociedade de normalização*, temos que entender não ações de imposição sobre os indivíduos, mas ações dos sujeitos sobre si mesmos.

Talvez um dos exemplos melhores para mostrar o deslocamento da *normalidade* da *normação* para a de *normalização* esteja na dissertação de mestrado de Tatiana Rech (2010). Ao problematizar a inclusão a partir da análise das políticas no campo da educação que circularam no período do presidente Fernando Henrique Cardoso, mostra como, na Contemporaneidade, as *técnicas de normalização* agem diferentemente das *técnicas de normação*. Ao definir *técnica* relacionada ou articulada ao conceito de *prática,* afirma, com base em Castro (2009) que, para estudá-las, é necessário definir um campo onde seja possível observar os meios (estratégias) e os fins (táticas) para as quais as técnicas se destinam. Nas palavras da autora "[...] o movimento não parte da norma, mas, ao contrário, faz dela um *gradiente*, ou melhor, uma possibilidade de expandir a norma e torná-la flexível para outros enquadramentos que fogem da dicotomia normal/anormal" (Rech, 2010, p. 74). Com o objetivo de normalizar o sujeito ou de naturalizar a sua presença na população entre aqueles que compõem o *gradiente* social em que participa, o indivíduo, além de ser "tratado" a partir do referencial de normalidade oriundo da norma (normação), é quantificado e mostrado como mais um que está enquadrado em uma zona de normalidade determinada pela noção de inclusão.

Para compreendermos um mecanismo de segurança, é preciso vê-lo na sua emergência histórica. Conforme Foucault (2008a, p. 10), "[...] se tomarmos os mecanismos de segurança tais como se tenta desenvolvê-los na época contemporânea, é absolutamente evidente que isso não constitui [...] uma anulação das estruturas jurídico-legais". Cada tecnologia observada (disciplinar, de seguridade ou normalização) age contando com a ação da outra, ou seja, tecnologias contemporâneas consistem na "reativação e na transformação das técnicas jurídico-legais e das técnicas disciplinares" (FOUCAULT, 2008a, p. 13).

Até aqui retomamos alguns conceitos-ferramentas fundamentais para compreendermos parte da atmosfera em que os discursos da inclusão se constituem. A partir de agora nossa argumentação se volta para uma localização histórica, embora não produzida de forma linear, sobre a *anormalidade* seja no campo econômico, social e cultural, seja no corpo do indivíduo.

*

Ao longo da história anterior e posterior ao século XVIII, as pessoas tidas como anormais sofreram inúmeras práticas de exclusão e de extermínio. No final da Idade Média, os reconhecidos como anormais ganham direito à vida, porque são reconhecidos pela Igreja como criaturas de Deus. A partir da intervenção da Igreja sobre a vida dos anormais, o entendimento sobre a anormalidade passou a ser de domínio metafísico e religioso. Isso significa que distintos entendimentos ora posicionavam os anormais entre os acontecimentos demoníacos, ora os colocavam como castigos. O que importa destacar após o domínio do cristianismo, é que a *anormalidade* deixou de estar na ordem da exclusão e passou a compor a ordem da segregação, ou seja, da morte ou do desaparecimento social – os anormais passaram a ser segregados/discriminados. Eles não deixavam de existir, mas sua existência era conduzida e explicada pela Igreja e dentro dos princípios da moral cristã. Dessa forma, a condução das condutas dos anormais estava orientada por uma forma de governamento pastoral.[6]

A forma de conduzir visível no poder pastoral que atribuiu aos anormais proteção divina, estava mergulhada em uma áurea mística forte até o século XVIII. Com a emergência do iluminismo francês (século XVII), inicia-se com mais força o esmaecimento do misticismo religioso. Novos ideais que apregoavam a evolução do homem eram construídos, bem como surge uma nova forma de explicar acontecimentos por exemplo, a anormalidade. A partir da experiência observada se buscava argumentos racionais para que fosse explicado aquilo que antes se alojava sob um manto religioso. Inicia-se, então, nesse período histórico, a emergência de uma Razão de Estado e o desbloqueio das artes de governar.

Com a emergência da Razão de Estado e, consequentemente, com o cuidado político com os acontecimentos que ocorriam na população, se estabeleceram as práticas disciplinares de Estado. Tais práticas têm como foco o corpo dos indivíduos, visando tirar de cada um a potência para o governamento. "Temos, então, pela disciplina, a operação do esquadrinhamento do corpo, que precisa ser dividido, analisado, submetido a práticas de controle minuciosas, na busca pela eficácia" (Rech, 2010, p. 71).

O mecanismo disciplinar tem como princípios organizadores a vigilância hierárquica, a sanção normalizadora e o exame. A vigilância hierárquica produz

---

[6] Para Foucault (2008a, p. 196), o pastorado entendido como "foco de um tipo específico de poder sobre os homens, a história do pastorado como modelo [...] essa história do pastorado no mundo ocidental só começa com o cristianismo". O poder pastoral se exerce sobre uma multiplicidade em movimento. Como uma arte de governar os homens, o poder pastoral está voltado à salvação de todos e de cada um.

as condições para o controle do corpo e dos comportamentos dos indivíduos; a sanção normalizadora, ao operar tanto com a recompensa quanto com a punição, investe na correção dos desvios e das anormalidades apontadas de acordo com a norma estabelecida. E, o exame, ao se constituir na relação entre a vigilância e a sanção normalizadora, constitui os indivíduos como um objeto e como efeito das relações de poder. Nas palavras de Foucault (2001, p. 58), "trata-se do exame perpétuo de um campo de regularidade, no interior do qual vai se avaliar sem cessar cada indivíduo, para saber se está conforme a regra".

Pelo estabelecimento das práticas disciplinares o corpo dos indivíduos passa a ser vigiado, educado, explicado e classificado de acordo com os saberes de cada época. Quanto mais o poder disciplinar individualiza, tomando uma norma preestabelecida como referência, mais eficiente ele se torna. Dessa forma, a disciplina, ao tomar a norma universal como referência, busca agir sobre cada indivíduo objetivando sua normalização.

No processo de enquadramento de todos à norma, denominado de normação, a escola é, desde o início da sociedade disciplinar, uma eficiente engrenagem dedicada a tal tarefa. Veiga-Neto (2010, p. 70), ao insistir sobre o papel da escola na configuração da Modernidade, afirma que "mais do que qualquer outra instituição, a escola encarregou-se de operar as individualizações disciplinares, engendrando novas subjetividades e, com isso, cumpriu um papel decisivo na constituição da sociedade moderna".

Em resumo, no início da Idade Média, aqueles considerados anormais eram excluídos, pois sua existência era eliminada e não se constituíam como uma preocupação da monarquia. No final da Idade Média os anormais foram abrigados no manto da Igreja:

passaram a ser considerados criaturas de Deus e, por isso, mereciam permanecer vivos. A existência de tais sujeitos com a proteção da Igreja gerou processos de segregação, ou seja, eram separados dos demais para que não se tornassem uma ameaça a todos. No iluminismo francês (séc. XVII) e mais tarde com a expansão das ideias iluministas (séc. XVIII), foram ofuscadas as justificativas e a hegemonia religiosa, e passou-se a buscar razões que justificassem a anormalidade de alguns. Argumentos racionais tinham que ser apresentados para explicar as aberrações humanas. Com o fortalecimento das bases disciplinares, típicas da Modernidade, há o fortalecimento da noção de norma. A partir da norma, definida *a priori* e pelo conjunto observável da população, passou-se a se definir o normal e o anormal. Foi necessário, além da vigilância constante sobre os corpos, criar instituições capazes de educar todos os recém-chegados (crianças e jovens), bem como aqueles considerados anormais. Escolas, manicômios, hospitais, prisões, seminários, entre outras instituições de sequestro, se encarregaram de agir sobre cada indivíduo em particular, educando e disciplinando-os, a fim de que pudessem viver em sociedade. Entre as instituições de sequestro, a escola foi a que mais se mostrou produtiva na vigilância e no controle dos indivíduos, bem como na preparação de cada um para viver em sociedade. Daí o interesse em pensar a escola dentro de uma relação de imanência com os processos de inclusão e de normalização cada vez mais atuais e atualizados devido aos próprios movimentos sociais que se ressignificaram, ressignificando e atualizando o conceito e o estabelecimento da norma. De uma norma preestabelecida a partir da maioria populacional, passamos para normas estabelecidas no interior de cada grupo social, ou seja, passamos a utilizar a noção de normas no plural, definidas a partir do estabelecimento do normal em cada grupo.

Veiga-Neto e Lopes (2011), em artigo que discutem o tema da governamentalidade e da inclusão, afirmam que, seja no campo simbólico, seja no plano material, todos parecem se interessar por qualquer coisa que se faça ou se proclame em nome da inclusão. Em meios a questionamentos que poderiam ser feitos sobre os festejos identitários e de comunidades que lutam por melhores condições de vida, por inclusão em distintas esferas, com destaque aqui, a educacional e, mais especificamente, dentro desta, nas instituições de ensino (do básico ao superior), por direitos e por igualdade de condições de participação, etc., é impossível negar os avanços que tivemos a partir da organização dos grupos sociais. Na sombra de direitos conquistados e embebidos de uma atmosfera que impõe a diversidade como possibilidade de múltiplas traduções da diferença, é preciso tomar um afastamento do contexto de vida para poder pensá-lo. Assim, como já deixamos claro no primeiro capítulo deste livro, ao afirmar nosso desejo em pensar a inclusão não estamos virando as costas para o que apontamos neste parágrafo, nem mesmo desconsiderando formas de luta do presente, mas estamos buscando entender em que condições os discursos que trazem a inclusão em certa medida se impõem aos discursos dos direitos individuais.

Touraine (2010), ao propor pensar de outros modos as mudanças que transformam a nossa vida coletiva e individual, principalmente ao olhar para o cenário francês tão marcado pelas diferenças e os impasses culturais, nos provoca a olhar para os movimentos identitários (comunidades), sociais e individuais que passaram a ser ressignificados pelo capitalismo. O autor afirma que, desde o final do século XIX, muitos foram os pensamentos dominantes em alguns terrenos que contribuíram para a destruição de uma imagem de sujeito livre, herdeiro de um ideal iluminista. O sujeito burguês – tido como liberto do trabalho material e das condições duras de vida que este impunha –, inventado e contrastado com o invento do sujeito operário – preso e dependente do trabalho material e explorado pelo seu dominante – se constituía em uma agressão moral aos operários que, submissos às suas condições precárias de vida e à exploração do trabalho, já anunciavam as condições de possibilidade para o esmaecimento da noção de sujeito. Touraine (2010), ao analisar tal situação para poder abordar o declínio do sujeito burguês, questiona se é possível falar de sujeito diante daqueles que estão submetidos a constrangimentos severos que acabam tendo como alternativa somente lutar pelas condições mínimas de sobrevivência. Afirma que o mesmo raciocínio aplicado aos operários também pode ser utilizado para olhar para as categorias inferiorizadas pelas elites dirigentes, por exemplo, as mulheres, os colonizados, as crianças. Para o autor "O universalismo em nome do qual fala esse sujeito soa como um pensamento egoísta e como e exercício de uma dominação injusta" (Touraine, 2010, p. 57).

Ao dar continuidade à crítica que faz aos *discursos interpretativos dominantes* (DID), Touraine escreve que todos os discursos intelectuais dominantes no final do século XIX quiseram pôr fim à noção de sujeito dada pelas teorias do direito natural, portanto dos direitos humanos. Novamente nas palavras do autor:

> Marx mostrou-nos como os actores económicos estavam submetidos à lógica do sistema capitalista, que é uma lógica de dominação de classe. Nietzsche opôs à moral social e religiosa a força das pulsões e da afirmação de si e Freud, influenciado por ele,

opõe a libido à lei, o id ao superego, nada mais deixando ao domínio da consciência que uma posição irrisória, a do contacto da vida psíquica com o mundo exterior (TOURAINE, 2010, p. 58).

Ao nos afastarmos da noção de sujeito como princípio e ordem, construímos uma sociedade de concorrência, ou seja, que impõe àquele que trabalha duros regimes de produção e superação dos limites estabelecidos na concorrência. Conforme a dominação capitalista ganhava expressão e passava a constituir a atmosfera moderna, cresciam os investimentos nas condições individuais de vida, bem como crescia a distinção entre as classes sociais, portanto entre o que poderíamos chamar de incluídos, excluídos e desfiliados[7] do mundo do trabalho, e não do sistema capitalista.

Gros (2011), ao associar dois temas fundamentais para entendermos o presente, ou seja, ao olhar para o capitalismo associando-o à noção de biopolítica, nos permite avançar na discussão anteriormente feita a partir de Touraine. Gros (2011, p. 112) define capitalismo como

> [...] um processo histórico, determinado, específico: um processo que foi instalado pelo Ocidente moderno, que se disseminou amplamente até os dias atuais e que até mesmo globalizou-se. Por capitalismo, entende-se um processo de produção e de aumento maciço, sistemático e racional das riquezas.

Para o autor, desde o século XVI, o capitalismo tomou formas importantes, algumas sistematizadas por Foucault em 1978-1979. Foucault, no curso *Segurança, território e população*, oferecido no Collège de France, aponta para três formas de capitalismo assim

---

[7] Ainda neste capítulo, mais para frente, o conceito de desfiliação será mais aprofundado e diferenciado de exclusão.

sistematizadas por Gros (2011): *capitalismo mercantil*; *capitalismo industrial* e *capitalismo empresarial*. Além dessas, Gros desenvolve mais uma forma que identifica na atualidade: o *capitalismo financeiro* ou *acionário*.

Antes de minimamente definirmos as formas de capitalismo citadas no parágrafo anterior, vale uma observação: não iremos adentrar cuidadosamente nas discussões do capitalismo e das formas que tomou para se manter atualizado, pois nosso interesse aqui é apenas abordar as formas tomadas por ele, para contextualizar em seguida a problemática da exclusão e da inclusão na Modernidade e na Contemporaneidade. Entendemos que, para melhor localizarmos a temática da inclusão e da inclusão na educação, é fundamental contextualizar econômica e politicamente o tempo e o contexto em que tal temática emerge. Por essa razão, este capítulo terá um enfoque político e econômico bastante forte.

Voltemos às formas de capitalismo anunciadas anteriormente. O *capitalismo mercantil* é viabilizado pela criação do comércio e pela criação de um mercado, ou seja, pela criação de um espaço que possibilitou a sistematização entre a oferta e a demanda. "[...] os comerciantes enriquecem pela venda, enriquecendo os artesãos, cuja produção os primeiros estimulam" (GROS, 2011, p. 112). Tal forma de capitalismo pode ser entendida na estruturação da troca e na divisão do trabalho. Essa forma, a princípio ou por concepção, beneficiaria todos os envolvidos, pois se tratava de equilibrar a produção "uma vez que se trata de dar o excedente que alguém possui em troca daquilo que lhe falta" (GROS, 2011, p. 112). O *capitalismo industrial* está pautado pelas relações de trabalho. A riqueza é produzida pelas fábricas que possuem máquinas capazes de operar com forças sobre-humanas. Os operários aplicam sua força de trabalho na operação de tais máquinas, tornando-se a própria condição de produção. Nessa forma de capitalismo, os conceitos centrais são o trabalho, a propriedade e a mercadoria. O *capitalismo empresarial/gestor* está associado ao planejamento das ações estratégicas e do dinamismo humano de empresariamento e depende dele. As dinâmicas humanas ganham expressão, enfatizando muito a capacidade de empreender e de competir presente nos indivíduos. Além dessas três formas de capitalismo, acrescenta Gros (2011), é possível somar o *capitalismo financeiro* ou *acionário*, que tem na variação das bolsas e nos conceitos de especulação, endividamento, vida a crédito e rentabilidade a sua caracterização. A especulação financeira cada vez mais "deslugariza" o trabalho e dificulta que apontemos aqueles que integram tais redes de produção e de assistência mobilizadas por elas.

As quatro formas de capitalismo citadas por Gros não são excludentes umas das outras, elas se entrecruzam e fazem funcionar instâncias distintas que organizam e possibilitam condições de vida de nichos específicos da população. Embora todos sintam os efeitos, por exemplo, das formas "deslugarizadas" do capitalismo, nem todos possuem as condições necessárias de integrar os mundos dominados por mercados definidos pela produção, pelo individualismo, pela concorrência e pela competição. O fato recorrente nessas formas de capitalismo e em outras que poderíamos, sem dúvida, identificar é que não há lugar para todos. Embora o liberalismo, entendido nesse contexto, como uma racionalidade econômica que teria em seu horizonte a criação de um enriquecimento coletivo, visasse comandar a concorrência de forma a obter um equilíbrio natural e sem intervenção direta do Estado nas relações de produção, distribuição e consumo, pela experiência já vivida, inclusive no Brasil, intensamente a partir dos anos 2000, não é possível abarcar todos. Nessa lógica liberal, em que se idealizava a distribuição natural dos recursos, fica evidente a aversão que o liberalismo tem ao Estado e a necessidade de que cada um reine dentro de um universo de concorrência naturalmente distribuída entre as relações de forças presentes. Gros (2011) afirma que, nessa lógica de naturalização onde se vê operar a "mão invisível" como se referia Adam Smith, o sujeito é enceguecido. Para o autor o sujeito econômico é cegado pela busca desenfreada pelo lucro. Não é capaz de ver nada a sua frente ou valorar nada que lhe remeta ao coletivo, à solidariedade ou ao bem comum. Nas palavras do autor, "O sujeito não enxerga nem busca nada além do seu próprio interesse: tudo o que ultrapassa essa busca lhe é invisível" (GROS, 2001, p. 115).

Como vimos no início deste capítulo, se no liberalismo a aversão ao Estado é algo evidente e se propagar a autorregulação do mercado é fundamental, no neoliberalismo as coisas parecem ser um pouco distintas. Para o neoliberalismo torna-se fundamental alterar e agir diretamente nas formas de vida. Nas análises de Foucault durante o curso *Nascimento da biopolítica*, o neoliberalismo americano radicaliza o ordoliberalismo alemão. Isso significa que as empresas espraiam suas ações para além de suas dimensões. Elas passam a organizar o seu funcionamento, a sua vida e a vida dos indivíduos. Investem permanentemente na educação dos indivíduos. Para Gros (2011) os neoliberais deixam a lição que educar não é o mesmo que formar um cidadão, mas significa fazer um investimento em um capital. Tudo deve ser visto como potência de investimentos rentáveis ou como uma pequena empresa, inclusive as amizades e a família. Nesse registro, vale salientar que os amigos ou as pessoas da família, podem revelar-se mais agressiva do que essa simples busca de investimentos rentáveis, pois estes outros também são empreendedores, o que significa o reinado de uma concorrência indefinida entre todos. Assim todo e qualquer êxito do outro deve ser interpretado como um perigo para mim (Gros, 2011, p. 117).

Diante de contextos econômicos e políticos (neo) liberais como os que temos vivido nos últimos tempos, a exaltação do indivíduo, o festejo de suas condições individuais, suas marcas identitárias, de gênero, étnico-raciais, linguísticas, etc., passam a operar como moeda de valorização dentro de um mercado determinado pela competição. As lutas coletivas tendem a esmaecer no sentido histórico e de estabelecimento de laços afetivos fortes, dando lugar às lutas reivindicatórias de direitos que se desfazem na medida em que são conquistados os elos que ligam os indivíduos, desfazendo também a noção de comunidade como lugar histórico de identificação, partilha, solidariedade, afetos e inclusão.

Cada indivíduo, na lógica neoliberal, passa ser uma unidade de investimento e uma potência empreendedora. Conforme comenta Gros (2011, p. 117), "considerando-se a si próprio como um empreendimento, cada sujeito aceita de antemão a ideia de que sua eventual ruína ou exclusão se deve ao fato de não ter feito os investimentos certos nos momentos certos". Em tal lógica, mercado e Estado se aproximam e se fundem em momentos estratégicos e, principalmente, na educação dos sujeitos e nos investimentos sobre as condições de vida da população. Mercado e Estado tornam-se parceiros aliados na capitalização dos indivíduos.

Noguera-Ramirez (2011, p. 230), salienta que o *Homo discentis*, ou seja, aquele que tem por tarefa ao longo de sua vida, porque desenvolveu um tipo de *subjetividade flexível* e *aberta,* aprender permanentemente e ter consciência de tal necessidade são condições fundamentais para sua existência na racionalidade governamental neoliberal. Menezes acrescenta que além de flexibilidade e abertura, o sujeito, para estar alinhado com as exigências do neoliberalismo, deve desenvolver uma *subjetividade inclusiva.* Por *subjetividade inclusiva* a autora entende uma atitude comprometida do sujeito consigo mesmo e com o outro,

> [...] subjetividades essas que, pelas técnicas de revelação de si, são sujeitadas na busca da verdade que as constituem. Tais verdades, instituídas pelos saberes (da medicina, da estatística, da psicologia, da sociologia, etc.) construídos por nós sobre nós mesmos, tornam-se úteis ao Estado na relação que este estabelece com as instituições – nesse caso, a escola – para a produção de subjetividades de acordo com seus fins e intencionalidades (Menezes, 2012, p. 19).

Trata-se da invenção de subjetividades forjadas no que Gros (2011) caracterizou tanto ser um capitalismo empresarial quanto um capitalismo acionário e financeiro. Tais formas, conforme Lopes e Rech (2013, p. 218) "impõem ao sujeito a necessidade de autopromoção, conduzindo-o a não considerar interesses comuns". Vale esclarecer que se reger pela não consideração de interesses comuns não significa excluir aquele que não compartilha das condições de vida que tenho e do que me interesso, mas significa manter o contraste de tais diferenças, só possível pelas práticas de aproximação ou de in/exclusão. Poderíamos dizer que os indivíduos são conduzidos a ignorar ou simplesmente tolerar a presença do outro que não concorre consigo e a competir com o outro que o ameaça. Nas palavras de Gros (2011, p. 116),

> [...] o indivíduo vivo é tomado por uma variedade de desejos: por necessidades egoístas, mas também por paixões sociais, como a simpatia, ou mesmo por paixões políticas, como a justiça. A operação política consiste em despolitizar o sujeito e em dirigir-se apenas à sua exigência de uma satisfação pessoal.

As novas experiências de vida geradas na convivência com o outro e que tanto impactam e sensibilizam aqueles mais abertos e dispostos a aprender, integram o rol de situações que constituem o *Homo discentis* – ou aquele que aprenderá para toda a vida a como se comportar diante de desafios colocados cotidianamente no diálogo com a diversidade.[8]

Nesse cenário em que cada indivíduo é convocado a ser um empreendedor de si mesmo e um autoeducador somado a um Estado que cada vez mais está atento às condições de vida da população, incentivando inúmeras formas de promoção de tais condições, é muito mais difícil reconhecer um conjunto de condições que poderiam caracterizar aqueles que poderíamos chamar de *desassistidos* e *excluídos*. Apontar os *excluídos* dentro do cenário político, econômico e demográfico atual é um desafio, portanto torna-se fundamental retomar os usos das palavras *exclusão* e *inclusão* e junto com

---

[8] Referimo-nos aqui à diversidade e não à diferença, pois queremos marcar que a inclusão está pautada na diversidade, na presença de tipos humanos diversos que vivem sob diferentes circunstâncias sociais, econômicas, físicas, sensoriais, identitárias de raça/etnia, de religião, etc. Na lógica da normalização, o que conta nas práticas de inclusão é o que posso ver, medir, calcular e apontar como normal e anormal, considerando variáveis e gradientes específicos de inclusão.

elas a noção de *reclusão* para buscarmos outras formas de nomear aquele número crescente de indivíduos que vivem sob condições precárias de vida, que são despejados de sua casa, que vivem historicamente sob condições de *discriminação negativa* (CASTEL, 2008) e que no contexto educacional e escolar, vivenciam situações de *in/exclusão* (LOPES, 2004).

Exclusão, inclusão e in/exclusão: todas as leituras possíveis no presente

Como assumimos a premissa foucaultiana de que "tudo é perigoso", vale deixar claro que ao fazermos a escolha pelo entendimento anteriormente e rapidamente citado da *in/exclusão*, corremos o risco de banalizar processos históricos de discriminação ou de tratar qualquer discriminação vivida na atualidade da mesma forma.

In/exclusão parece ser uma das expressões criadas entre aqueles que analisam as práticas de Estado voltadas ao social, que mais se aproxima de uma caracterização do quadro político-econômico e social atual. Porém, neste livro, antes de tomá-la como uma orientadora de nossas análises das práticas do presente, vale problematizar a noção de *exclusão*, bem como a proliferação discursiva dos usos dos termos *integração, inclusão* e *exclusão*. Imaginamos que, ao explicitarmos alguns usos e ao mostrarmos as tensões existentes entre eles, poderão ficar mais bem explicitadas as contradições e as ambivalências que marcam a história do presente.

No presente nos deparamos com a multiplicação dos usos das palavras *exclusão* e *inclusão*, conforme escrevem Lopes, Lockmann, Hattge e Klaus (2010, p. 6):

> Os usos dessas palavras podem ser associados à miséria vivida por um número muito grande de pessoas dentro do território brasileiro; podem,

também, ser associados à designação de limites de fronteira entre o dentro e o fora, assim como podem ser associados às situações de discriminação negativa por razões de raça/etnia, gênero, religião, deficiência, trabalho/emprego, educação etc.

Da Idade Média até o século XIX podemos observar alguns deslocamentos nos usos dos termos mencionados anteriormente. Foucault (2003), ao diferenciar os movimentos de *exclusão*, *reclusão* e *inclusão*, mostra algumas ênfases nas práticas sociais que acabaram culminando, no século XIX, na caracterização daqueles que ele denominou de *indivíduos a corrigir*. Os indesejados, os doentes, os perigosos, os desviantes, os deficientes, os loucos ou qualquer um que antes era denominado de anormal ou incorrigível, passaram a ser tratados como alguém a recuperar. Dessa forma, no século XIX, tais sujeitos deixaram de ser "os excluídos" (no sentido de mortos para o social), ou de ser isolados em confinamentos particulares. Sem ser possível observar rupturas históricas entre as *práticas de exclusão* e as *práticas de reclusão*, a *inclusão* se estabeleceu como uma forma econômica de cuidado e educação da população.

Na inclusão desenhada no final do século XX e no início do XXI, estão implicadas formas sutis e, em muitos casos, perversas de exclusão e reclusão. A reclusão deixou de ser o completo isolamento social, como entendida no século XVIII, e passou a ser uma condição para a reeducação e inclusão social (Saraiva; Lopes, 2011). O sentido de exclusão, como morte social e vida ignorada pelo Estado, fica esmaecido, e emerge uma proliferação discursiva que faz enfraquecer a passos largos o poder político de tal palavra. Resumindo o que já foi dito, a partir da Modernidade vimos acontecer uma reinscrição e uma ressignificação das práticas de exclusão e de reclusão na lógica dominante da inclusão.

Portanto, qualquer um dos termos mencionados acima são, como costumamos afirmar, invenções deste mundo (LOPES, 2009, 2011; LOPES; LOCKMANN; HATTGE; KLAUS, 2010). Como invenções derivadas não de rupturas mas de mudanças de ênfases e de deslocamentos, é possível reconhecer nas práticas do presente, heranças do século XVIII em diante. Mas no século XIX já havia práticas que pretendiam "ligar os indivíduos aos aparelhos de produção, formação, reformação ou correção dos produtores" (FOUCAULT, 2003, p. 114). Dessa maneira, trata-se de entender como a inclusão passou a ser a grande potência moderna e contemporânea abarcadora e ressignificadora das demais práticas. Para tanto, pensamos ser importante entender melhor o próprio cenário político e econômico que determina a emergência da inclusão para depois, abordá-la como uma estratégia educacional para atingir a todos.

A palavra *exclusão*, conforme o *Dicionário Houaiss*, começa a circular antes mesmo da palavra *inclusão*. Etimologicamente a palavra *exclusão* vem do latim *exclusĭo, -ōnis* que significa, "exclusão, ação de afastar, exceção, fim", cujo infinitivo é *excludĕre*, "excluir". Seus registros em língua portuguesa datam de 1550.

Para Castel (1997), é fundamental distinguir processos de exclusão de processos de desfiliação. O conceito de exclusão foi utilizado historicamente para apontar aqueles repelidos ou extraídos do convívio social ou ainda aqueles que não possuem direitos. Para Brandão (2002, p. 146) caberiam na ideia de exclusão as "situações como o confinamento em guetos, o banimento, a expulsão, a discriminação jurídica, a restrição de acesso, etc".

O conceito de desfiliação está relacionado à vulnerabilidade. Nas palavras de Castel (1998, p. 536), a desfiliação se caracterizaria "pela ausência de inscrição do sujeito em estruturas portadoras de sentido". Isso significa que o sujeito não vive a situação de ausência completa de vínculos (como no caso do excluído), pois não está fora da sociedade, mas afastado de sua força centrípeta. Nesse caso, poderíamos citar como exemplo: os desempregados por longo tempo, os jovens que não conseguem entrar no mercado do trabalho, os com pouca ou nenhuma escolarização, etc. Para Brandão (2002, p. 147), fundamentado em Castel,

> [...] trata-se de uma desfiliação destes indivíduos de processos econômicos de produção e consequentemente de consumo, que são derivados de uma precarização das relações de trabalho e de uma consequente vulnerabilização da condição salarial.

Tal questão mostra a dificuldade para distinguir desfiliação de vulnerabilidade social. Embora não seja nosso objetivo aprofundar neste livro tal conceito, pensamos ser interessante, a título de esclarecimento, trazer a noção de vulnerabilidade na leitura que Brandão faz de Castel. Para o autor a situação de vulnerabilidade seria

> [...] daquele empregado que pode ser demitido a partir de qualquer necessidade da empresa e se tornar como consequência um desfiliado, caso esta ruptura do vínculo com o mercado de trabalho seja duradoura o suficiente para impactar as relações sociais mais ambas que cercam este trabalhador e que significam a sua outra ponta de integração e coesão social (laços familiares, de parentesco, redes de amizade, etc.) (BRANDÃO, 2002, p. 147).

Assim, nessa lógica os desfiliados seriam aqueles que poderíamos denominar de "inúteis" para o mundo ou os supranuméricos que sequer podem ser aproveitados pelo mercado. Esse sujeito seria aquele que cada vez mais, com a noção de empresariamento de si, de capital humano e de educação por toda a vida, tende a ficar mais difícil de apontar.

Para Castel (1997) todo indivíduo pode ser posicionado de acordo com dois eixos: o do trabalho e o relacional. Na esteira do autor, diríamos que os eixos de análise mobilizam na atualidade tanto o conceito de integração quanto o conceito de inclusão, pois ambos dão conta de uma dimensão física de estar no mesmo espaço que o outro (integração), e de uma dimensão vivida na relação com o outro (inclusão). Derivado desses dois eixos, Castel (1997) distingue algo que será muito produtivo para o contexto de nossas análises acerca da *in/exclusão*, ou seja, distingue quatro zonas de posição de sujeitos. São elas: a *zona de integração*, caracterizada pela presença do trabalho estável e forte inserção relacional; a *zona de vulnerabilidade*, caracterizada pelo trabalho precário e fragilidade dos apoios relacionais; a *zona de marginalidade*, ou de *desfiliação*, caracterizada pelo duplo processo de desligamento, ou seja, pela ausência de trabalho e pelo isolamento relacional e, por fim, a *zona de assistência*, caracterizada pela completa vulnerabilidade, por sentimentos de tolerância e, muitas vezes, da caridade.

Podemos dizer que em cada zona há *gradientes* de integração/inclusão que permitem movimentar intrincadas redes locais de produção e de consumo. Manter o equilíbrio exógeno e endógeno de cada uma delas é o grande desafio de um Estado que se quer em desenvolvimento e, para tanto, necessita regular e controlar todos. Quanto mais sujeitos estiverem na terceira e na quarta zona, mais necessidade de investimentos do Estado na pasta de assistência e inclusão social. Embora, considerando que a concorrência e a competição são as grandes marcas do mercado e que o mercado está cada vez mais associado ao Estado na promoção de condições de vida para a população, nem mesmo aqueles que estão na primeira zona estão seguros. Hoje todos parecem viver sob a sombra da vulnerabilidade, da desfiliação e da assistência. Aí a razão de se criar uma nova cultura na população, ou seja, do empreendedorismo. Não mais depender do emprego, mas ser capaz de se autoempresariar – um indivíduo autogestor.

Posicionados nas zonas definidas por Castel, podemos visualizar todos aqueles que afirmamos ser os *in/excluídos*, pois todos estão "integrados" mesmo que relacionalmente sejam discriminados. Aí podemos visualizar os miseráveis, os pobres, os grupos étnicos discriminados historicamente, as pessoas com deficiência, os adultos iletrados, os inválidos, os sem-teto, os sem-terra, os desempregados, os *gays*, os indígenas, os surdos, etc. Ao fim e ao cabo, nessas zonas expostas por Castel, podemos visualizar em maior ou menor grau, todos aqueles, que de distintas formas são reconhecidos pelo Estado como "cidadãos". Todos estão incluídos e ninguém está seguro. Isso significa que todos estão no jogo do neoliberalismo, portanto podem de um momento para o outro ocupar posições variadas dentro do gradiente disponível de inclusão, entendida aqui nos limites do estar junto e da integração. A exclusão nessas situações está determinada pela fragilização moral dos indivíduos, e não mais pela não pertença física.

Conforme uma de nós já escreveu em outro lugar, para poderem permanecer no jogo neoliberal, os sujeitos devem aceitar duas grandes regras: manter-se sempre em atividade e estar incluídos, embora em distintos gradientes de participação (LOPES, 2009). Na sequência da discussão feita por Lopes (2009), são três as condições para que os sujeitos se mantenham no jogo do neoliberalismo: ser educado para entrar no jogo, lutar para permanecer no jogo e desejar estar no jogo. Para tanto, a educação deve estar voltada para cada indivíduo, ensinando-o a ser empresário de si mesmo e a viver sob tensão permanente e sob risco[9] de ora estar em uma das zonas apontadas por Castel, ora em outras.

Assim, garantir a cada indivíduo condições econômicas, de saúde, de educação e de trabalho implica constantes investimentos do Estado sobre a educação e sobre processos de subjetivação dos indivíduos. Tal processo de subjetivação significa, entre outras coisas, fazer da inclusão uma das condições de sua própria existência. Não mais ela será uma tarefa "só" do Estado ou tomada nos limites do governamento sobre a população e os indivíduos em particular, mas será a partir do uso de tecnologias educacionais que permitirão a ação do sujeito sobre si mesmo, uma das razões

---

[9] *Risco* é a palavra que escolhemos para abordar a situação de vulnerabilidade em que se encontra o indivíduo contemporâneo. Ela mostra o quanto os indivíduos convivem com a instabilidade de suas condições de vida no presente. Todos sabem, pois as informações são vastas acerca das variações econômicas e dos efeitos que tais variações podem produzir nas condições de vida da população, que corre riscos para permanecer na situação em que se encontra. A noção de risco mostra o que já conhecemos como possibilidade de acontecimento devido ao mapeamento constante e estatístico das condições do presente. É o caráter de previsibilidade que caracteriza a noção de risco e, portanto, caracteriza a vida no presente, cada vez mais vigiada e controlada, que não nos permite utilizar a noção de *perigo* (inscrito na ordem do acontecimento e do inesperado) para nos referirmos às zonas de posição de sujeito abordadas por Castel (1997).

de ser do sujeito. Todos serão responsáveis por si e por todos. Afirmar isso no contexto argumentativo deste livro pode parecer contraditório, por isso valem algumas ressalvas. Ao afirmarmos que todos serão responsáveis por si e pelos outros ou que o auge das práticas de inclusão é desenvolver em todos o que apontamos como sendo uma *subjetividade inclusiva*, não estamos afirmando uma volta aos princípios humanistas-cristãos, nem mesmo uma volta ao social fundado em princípios de solidariedade, divisão do trabalho, etc. e, muito menos ainda, estamos afirmando uma volta a uma forma de vida comprometida com o viver *no verdadeiro*, como poderíamos pensar a partir de práticas vividas na Grécia antiga e que tão bem nos mostra Foucault nos cursos A *hermenêutica do sujeito* (1982), e a *Coragem da verdade I e II* (1983-1984). Também não estamos fazendo referência a uma leitura mais simplista e aligeirada, portanto produzida a partir do senso comum acadêmico, tomado por uma leitura binária do mundo, de que alguns terão desenvolvido uma subjetividade inclusiva e outros não, ou seja, que alguns serão includentes, e outros, não.

Estamos afirmando que inclusão é uma *estratégia de Estado* para desenvolver na população e, a partir da operação das maquinarias de individualização, por exemplo, a escola e o jurídico, em cada indivíduo em particular, uma *subjetividade inclusiva*. Isso significa desenvolver uma forma de ser que conduz os indivíduos a se ocupar com o outro, capitalizando para si mesmos condições de competição. Por exemplo, hoje assistimos uma supervalorização no mercado de trabalho de currículos que mostrem o envolvimento dos indivíduos em trabalhos voluntários junto a ONGs que militam em causas ambientais, animais e humanas. Portanto, essa lógica de pensamento que vemos se desenhar fortemente desde o final do século XX em diante, está assentada em uma racionalidade neoliberal que, ao utilizar a liberdade como estratégia de condução de condutas e ao exaltar o indivíduo individualista como capaz de, na parceria com o Estado e o mercado, concorrer consigo mesmo e competir com o outro, parte do indivíduo como força que permite a todos, em distintos gradientes de participação, permanecer no jogo competitivo do mercado (Lopes, 2009).

Voltemos a nossa atenção à palavra *inclusão*.

A palavra *inclusão* aparece na Academia dos Singulares de Lisboa em 1665. Etimologicamente a palavra vem do latim *inclusĭo, -ōnis* – encerramento, prisão. Os seus usos, assim como da palavra exclusão, foram sendo ressignificados até os dias atuais. A palavra *incluir*, conforme o *dicionário Houaiss*, tem 4 acepções: (1) verbo: encerrar, pôr dentro de; fazer consta dê; juntar (-se) a; inserir(-se), introduzir(-se). (2) fazer figurar ou fazer parte de um certo grupo, uma certa categoria de pessoas; pôr. (3) conter em si; compreender, conter, abranger; (4) trazer em si; dar origem a; implicar, envolver, importar.

Considerando o que já vimos até o momento, é possível ver muitos dos significados dicionarizados em circulação tanto nas práticas de reclusão e de integração quanto nas práticas que posicionam os sujeitos em zonas que são determinadas pelo tipo e pela qualidade de participação de cada um nos espaços de trabalho e de convivência social, escolar, familiar, etc. Porém, os sentidos que vimos circular não param nesses já referidos por nós.

Stainback e Stainback (1999) afirmam que o termo inclusão teve sua origem na palavra inglesa *"full inclusion"*. Para os autores, a inclusão traz consigo um novo paradigma que está sustentado no princípio da "educação para todos". Partem do princípio de que todos devem ter acesso, desde o princípio, à educação e à vida social. Podemos perceber que tal entendimento está marcado por um caráter oposicional-binário entre inclusão e exclusão. Estar dentro das redes/espaços sociais e educacionais pressupõe não estar do lado de fora deles.

Outro entendimento possível para o termo inclusão é como sinônimo de integração. Nesse caso, a inclusão toma o viés do estar junto no mesmo espaço físico e associa-se à noção de normação/correção daquilo que é anormal nos indivíduos. O ponto central desse entendimento é tornar a *diferença* algo que possa ser reduzido *ao mesmo*. Nesse caso, a diferença passa a ser entendida como o oposto de *o mesmo*, além de semelhante à diversidade.

Muito embora nos anos 1990, na Conferência Mundial de Educação Para todos, o termo inclusão já estivesse em circulação em Jontien, na Tailândia, na história das políticas educacionais brasileiras, a noção de inclusão aparece nomeada oficialmente em meados da década de 1990.

Conforme pesquisa realizada por Rech (2010), durante o primeiro mandato do governo de Fernando Henrique Cardoso (FHC) (1995-1998), *integração* era a palavra utilizada para caracterizar as iniciativas de colocar aqueles alunos que não estavam nas escolas regulares para dentro de tais escolas. Logo em seguida à ampliação dos Programas Governamentais que pregavam a *integração*, viu-se juntar a ela a noção de *normalização* (entendida de forma bastante restrita e ainda como sinônimo de correção dos indivíduos). Mais para o final do primeiro mandato do presidente, a palavra *inclusão* emerge no cenário político educacional brasileiro. Somente no segundo mandato de seu governo (1999-2002) é que a palavra *inclusão* vai ganhar expressão, e esmaece a noção de *integração*. Embora tenha esmaecido a noção de *integração*, a noção de *normalização* permanece e é ressignificada e fortalecida a partir de sua emergência em organismos internacionais. Enquanto o conceito de *correção* partia de uma referência de sujeito normal a ser seguido, o conceito de *normalização* sinalizava uma preocupação maior com os processos, as estatísticas, as curvas de normalidade, considerando variáveis locais e globais de comportamentos e desenvolvimento e os fluxos populacionais.

Retomando: nas políticas, embora a noção de *integração* tenha sido esmaecida na passagem do primeiro mandato do Governo FHC para o segundo, nas práticas sociais e em muitas partes do território brasileiro, ela continua determinando o entendimento de *inclusão*. Tal visão, ao continuar vigorosa e ao estar associada à noção de capitalismo, como já vimos a partir de Gros e Castel, contribui na produção de sentimentos produtivos para uma sociedade estruturada nas bases estabelecidas pelo mercado. Referimo-nos a sentimentos tais como missionarismo, caridade, tolerância ao outro, resignação, responsabilização pelo outro, etc.

Dessa forma, a palavra *inclusão* passa a abarcar as relações interpessoais, além do estar junto (entendido como condição mínima necessária mas não suficiente para as ações de inclusão). Portanto, desde o segundo mandato do presidente FHC e cada vez de forma mais intensa no governo do presidente Luís Inácio Lula da Silva (2003-2006, 2007-2010) e no governo Dilma Roussef, em andamento desde 2011, a dimensão do estar junto no mesmo espaço físico, pode ser vista somada à dimensão relacional, para poder valer o conceito de *inclusão* que vemos circular nos programas governamentais brasileiros. Nesse sentido, a noção de *normalização*, antes assentada na compreensão de sociedade disciplinar moderna, que investia na correção disciplinar daqueles que eram "os" diferentes, "os anormais", não é mais a única baliza para sinalizar os movimentos dos indivíduos. *Normalização,* como já colocamos, passa a ser compreendida, na sociedade contemporânea, fortemente marcada pelas ações de seguridade, pelos investimentos biopolíticos[10] sobre a população. *Normalização* pode ser pensada como um investimento do Estado para o controle e a regulação dos indivíduos. Frisamos que se trata não de substituir simplesmente práticas de Estado, ou seja, de uma normalização disciplinar e corretiva sobre os indivíduos para uma normalização biopolítica, mas de viver intensamente no presente as práticas de segurança[11] derivadas ou sustentadas nas ações biopolíticas. Com isso, não deixamos de utilizar nas escolas e nas demais instituições de sequestro do tempo da vida de cada indivíduo, as práticas corretivas-disciplinares, mas estas não ocupam mais o centro dos investimentos de Estado e nem mesmo das teorias educacionais recentes que "dominam" os cenários pedagógicos.

---

[10] Considerando as formas de capitalismo mostradas por Foucault e a forma acrescentada por Gros, ambas referidas neste capítulo, podemos entender que a biopolítica está associada às formas de capitalismo. Como o Brasil é um país jovem e marcado pelas condições precárias de sua população, podemos ver no presente uma corrida contra o tempo. Queremos dizer que hoje vemos tanto ações biopolíticas que parecem estar associadas às primeiras formas do capitalismo (mercantil, industrial, empresarial) quanto a última forma acrescida por Gros (financeiro).

[11] Gros (2011, p. 121), diz que vivemos uma mudança no paradigma da segurança. "A segurança está cada vez menos ligada à afirmação de uma força pública. Ela designa, hoje, um controle de fluxos. [...] Portanto, o novo paradigma de segurança me parece ser, em larga medida, um paradigma biopolítico, na medida em que traz o problema da circulação e da regulação dos fluxos".

Nas práticas de normalização voltadas para a regulação e o controle da população, entre as tarefas a serem desenvolvidas a partir de programas de inclusão e de assistência social e educacional estão: a) possibilitar a participação de todos a partir da distribuição de renda mínima e diminuição da miséria; b) educar a todos para viverem a diversidade/diferença a ponto de naturalizá-la; c) subjetivar os indivíduos para que estes se sintam coparceiros do Estado e este do Mercado, para promoverem a inclusão social; d) educar os indivíduos para que estes tenham autonomia suficiente para se autoempreenderem; e) investir na ampliação dos espaços de circulação e de consumo; f) investir nas condições de garantia de fluxos de processos educacionais e econômicos; g) implantar no Estado e no sistema educacional a noção de *Educação inclusiva*, onde todos devem dividir responsabilidades de educar a todos, para além da escola; h) investir na educação inclusiva a partir dos indivíduos, ou seja, do constante envolvimento destes em rituais capazes de os manterem sensibilizados para a inclusão; i) investir cada vez mais no *governo eletrônico*[12] da população, etc.. Enfim, cada um deve ter para si a inclusão como uma verdade que se impõe como forma de vida com o outro.

Guardadas as proporções e a potente noção de biopolítica em franca expansão na Contemporaneidade, podemos afirmar que práticas de apagamento do outro ainda podem ser vistas em circulação. No Brasil, até

---

[12] Termo utilizado por Carine Bueira Loureiro em suas pesquisas (em andamento) realizadas no Programa de Pós-Graduação em Educação da Universidade do Vale do Rio dos Sinos (UNISINOS). O termo remete às ações de governamento e de subjetivação voltadas para consolidação, por meio da inclusão digital, da condução da população que não tem acesso às tecnologias digitais ou tem acesso limitado a elas.

quase a última década do século XX, estar excluído significava também ser ignorado pelo Estado. Isso significa que não havia investimentos suficientes para a realização de levantamento das muitas formas de vida de grupos e de indivíduos que nasciam em território brasileiro. De lá para cá, especialmente a partir dos governos democráticos, iniciados em 1984, com especial atenção aos governos anteriormente mencionados, é que aumentaram os investimentos em pesquisas populacionais.

A lógica imperativa dessa centúria parece ser incluir todos, principalmente nas pesquisas de mapeamento populacionais. Todos devem aparecer nas pesquisas, pois a partir do mapeamento populacional visa-se criar novas práticas capazes de gerar outras condições de vida para aqueles que vivem sob condições de vulnerabilidade e risco social. Isso significa que, em passos largos, partimos da exclusão daqueles que tinham a sua existência ignorada pelo Estado para a busca de inclusão (estatística) de todos, da reclusão por confinamento – dos criminosos, das pessoas com deficiência em asilos e escolas especiais, dos doentes contagiosos, etc. – para reclusão temporária para reeducação e inclusão.

Derivadas das investidas do Estado sobre a população que precisa ser conhecida, regulada e dominada, biopolíticas são estruturadas e implementadas visando, em médio e longo prazos, mudar as condições de vida daqueles que até então não eram incluídos ou eram excluídos. Portanto, diante da diminuição exponencial do que, nessa lógica de uso para a palavra *exclusão*, seriam os excluídos, podemos dizer que vivemos uma *sociedade de inclusão*. Em tal sociedade, cada vez é mais difícil apontar o excluído, embora seja fácil falar de cidadãos miseráveis, desempregados por longa data, cidadãos sem-teto, cidadãos sem-terra, cidadãos com deficiência, entre outros cidadãos historicamente discriminados por questões de gênero e sexualidade, de raça-etnia, de deficiência, de doença, etc.

Então, as políticas e as ações biopolíticas teriam feito desaparecer os excluídos? Se nos orientarmos por usos muito restritos para a palavra exclusão, como aquele que tem a sua existência ignorada pelo Estado, talvez sejam estatisticamente poucos os casos de excluídos no Brasil. Porém, se tomarmos a palavra exclusão, considerando variáveis que a recolocam no cenário político contemporâneo a partir dos direitos dos indivíduos ou da noção de direitos dos governados, veremos que muitos são os casos de *inclusão excludentes*, ou, como preferimos denominar no Grupo de Estudo e Pesquisa em Inclusão (GEPI/UNISINOS) de *in/exclusão*. *In/excluídos* passa a ser um conceito que abrange tipos humanos diversos que vivem sob variadas condições, mas que carregam consigo uma história de discriminação negativa. Isso equivale a dizer que na atualidade há esforços de Estado para a diminuição dos excluídos, embora continuemos a apontar exclusões a partir da mobilização de outros conceitos. Entre os conceitos mobilizados está o de *in/exclusão*. Este surge para mostrar que, embora muitos estejam incluídos nas estatísticas e em alguns espaços físicos, boa parcela dos indivíduos ainda sofre com as práticas de inclusão excludentes. Dito de outra forma, muitos sofrem por estarem no interior dos grupos discriminados e impedidos/limitados de se relacionar ou ainda de participar das mesmas práticas dos grupos que integram.

Então, se no Brasil, até quase o final do século XX, tivemos um cenário de exclusão por desconhecimento do outro, no final do século XX e no já decorrido do século XXI, parece que temos um cenário de *in/exclusão*. Pelo que já vimos, nesse "in" é possível ler tanto a *integração* (seja no sentido epistemológico, seja no sentido que atribuímos ao termo nas políticas de Estado) quanto a *inclusão* (seja no sentido epistemológico, seja no sentido relacional como vimos vingar nas políticas e entre os intelectuais que dominam os discursos não só no País, mas na América Latina, na América do Norte e na Europa).

Diante da lógica da *in/exclusão* associada aos diferentes gradientes de participação e inclusão, conforme escrevem Lopes, Lockmann, Hattge e Klaus (2010, p. 6), qualquer sujeito poderá estar incluído ou ser excluído de determinadas práticas, ações, espaços e políticas. Nas palavras das autoras os usos das palavras inclusão e exclusão, na atualidade, tanto podem ser

> [...] associados à miséria vivida por um número muito grande de pessoas dentro do território brasileiro, quanto podem ser associadas às situações de discriminação negativa por razões de raça/etnia, gênero, religião, deficiência, trabalho/emprego, educação, etc. Da mesma forma, podem ser associados a um simples não estar junto em um mesmo espaço e/ou lugar definido por alguns representantes de grupos sociais específicos, como sendo o ideal, significativo [...] O que vale marcar é que, frente a um espectro tão variado de usos, preocupa-nos o esmaecimento da potência política de ambas as palavras.

Com as condições movediças do presente para apontarmos o incluído e o excluído, resta operar com um novo termo capaz de caracterizar melhor os movimentos que observamos no presente. Por isso, a alternativa do *in/excluído*, que abarca tanto a ambiguidade e a ambivalência existente entre os termos *integração* e *inclusão* quanto o escorregadio conceito de exclusão (ora entendido como desfiliação, ora como estar emocional e psicologicamente ausente ou ter sua presença ignorada mesmo corpo presente), parece ser uma boa alternativa para continuarmos não só as lutas políticas mas também as pesquisas no campo da educação e das ciências sociais. Nossa opção, juntamente com os pesquisadores do GEPI, pelo uso do termo *in/exclusão* para caracterizar os acontecimentos presentes, se dá na possibilidade de entender a inclusão e a exclusão como *duas faces de Jano* (SARAIVA; LOPES, 2011) ou como duas faces de uma mesma moeda. Com tal termo, queremos marcar nosso tempo, construído dentro de uma grade de inteligibilidade (neo)liberal.

| Capítulo IV

As políticas de inclusão: movimentos da educação especial à educação inclusiva

> *Garantir para cada indivíduo uma condição econômica, escolar e de saúde pressupõe fazer investimentos para que a situação presente de pobreza, de falta de educação básica e de ampla miserabilidade humana talvez se modifique em curto e médio prazo. A promessa da mudança de* status *dentro de relações de consumo – uma promessa que chega até aqueles que vivem em condição de pobreza absoluta –, articulada ao desejo de mudança de condição de vida, são fontes que mantêm o Estado na parceira com o mercado e que mantêm a inclusão como um imperativo do próprio neoliberalismo.*
>
> (Lopes, 2010, p. 167)

Trazemos para a discussão um tema complexo e necessário para que se possa discutir uma educação com ênfase nos processos inclusivos. Colocar-se favorável a processos inclusivos no cenário nacional e internacional e defender essa posição tem sido uma constante nos nossos dias. Observamos essa defesa nos debates políticos, nas associações, nos sindicatos, nas escolas e demais instituições. Também em todas as expressões midiáticas da Contemporaneidade. Acreditamos que o imperativo da inclusão tem dominado todos os níveis de ensino e espaços da sociedade. Hoje não há quem em lúcida consciência possa se colocar contra a inclusão. Por outro lado, essa posição por si mesma não garante processos mais inclusivos. É com esse desejo, de compartilhar questões que vão além de assumir um discurso pró-inclusão, que trazemos para estas páginas o nosso posicionamento e, de certa forma, um breve histórico sobre as políticas de inclusão que mobilizam e orientam a educação.

A partir desse entendimento inicial, retomamos a epígrafe que escolhemos para abrir este capítulo, para reafirmar nossa análise dos processos inclusivos como parte de uma complexa rede em que cada um de nós, participante de uma população, faz parte. De forma compulsória, em um primeiro momento, pelo imperativo da inclusão, mas que em um segundo momento é preciso que cada um se dobre a essas verdades, acredite nelas ou ao menos as aceitem como promessa de mudança de vida.

Os investimentos do Estado parceiro, que convoca cada um e toda a população é uma estratégia potente para que todos sejam colocados no jogo do neoliberalismo, dessa forma afirmamos que a inclusão passa a funcionar como uma das condições de efetivação do neoliberalismo. Pensar como as políticas públicas afetam essa população é um importante exercício para que possamos nos dar conta dos investimentos do Estado na vida de cada um de nós, cidadãos brasileiros, que, mesmo na faixa da pobreza absoluta, é capturado por meio das políticas para ser incluído no mercado. Nesse sentido se faz importante pensar nas múltiplas possibilidades de bolsas instituídas para que todos os brasileiros possam ser incluídos na vida social, mesmo que em gradientes diferentes de participação: bolsa família, bolsa gás, bolsa formação, bolsa desemprego, etc. Nesse momento, partimos para uma discussão mais pontual sobre concepção de políticas públicas.

Se formos à raiz do termo, à sua etimologia, vamos encontrar os seguintes sentidos para a palavra política e político: política (grego *politiká*, assuntos públicos, ciência política) *s. f.* ou político (grego *politikós, -é, -ón*, relativo aos cidadãos) *adj*.

Longe de buscar um sentido único para os termos, nosso objetivo é buscar na raiz da palavra alguns sentidos e acompanhar outros significados que a eles foram acrescentados, suprimidos, alterados ou mantidos. Podemos notar que desde os gregos há um sentido que permanece: aquele relacionado a assuntos públicos ou cidadania. Parece-nos que, ao acrescentar o termo políticas ao termo públicas, estaríamos frente a uma redundância. Pois, quais políticas não seriam públicas? Mas procuremos entender esse processo. Ainda fazendo uso de um espaço constituído culturalmente como lugar onde se buscam os significados que mais circulam em uma língua e, nesse caso, na área da filosofia política, é que nos aproximamos do *Dicionário de filosofia política* (2010) em que há uma ampla descrição de significados para a expressão políticas públicas.

Nesse texto explicativo os autores mostram que existem múltiplos significados para a expressão políticas públicas. Para Margarita Pèrez Sanches pode ser: "expressão de um propósito geral ou um estado de coisas desejado; as decisões do governo; uma autorização formal; programa; produto ou modelo e políticas públicas como processo", para Pierre Muller e Yves Surel "um construto social e um construto de pesquisa, o campo do processo pelo qual são elaborados e implementados programas de governo". Citam ainda B. Guy Peters para quem "política pública é o conjunto de atividades das instituições de governo, que são dirigidas para terem influência determinada sobre a vida dos cidadãos" (BARRETO; CULLETON, 2010, p. 408). É possível perceber uma constante que é a preocupação com o governo da população, da vida das pessoas de uma nação. As políticas públicas atendem princípios de um governo e como tal buscam certa permanência. Elas mudam conforme os regimes e formas de governo. Mas geralmente expressam a conquista de movimentos sociais e de classe. Uma política pública que foi importante durante o período das pestes não será reeditada de forma igual no período da AIDS, embora mantenham algumas tramas constitutivas que as unem, são processos diferenciados. Percebemos que o tempo e o espaço são coordenadas importantes na elaboração das políticas públicas e de suas análises.

Importante reforçar que, na perspectiva que entendemos os processos sociais, as políticas serão tomadas como práticas de um tempo, práticas que fazem mais do que nomear e regular a população, mas que, ao fazer isso, produzem posições, outras práticas e até mesmo os sujeitos que vivem sob essas políticas. Dessa forma, assumimos com Sardagna (2006, p. 3) a proposição de que as políticas públicas podem ser entendidas "como um conjunto de práticas que inventa o que elas definem e que, por sua vez, é condição de possibilidade para se estabelecerem verdades específicas que, ao serem atravessadas pelas tendências globais, constituem os próprios sistemas de ensino". Cada vez mais é impossível traçar as fronteiras do que se constitui em práticas locais e globais. Os processos globalizadores que vivemos tendem a dar a impressão que estamos todos sob o manto de políticas globais. Por isso, mesmo olhando de forma mais acentuada para as questões locais, quando falamos em políticas de inclusão, temos que olhar para os processos das políticas globais de inclusão.

As racionalidades de um Estado que hoje percebemos intensamente governamentalizado (FOUCAULT, 2008a) passam a orientar tais políticas, por isso, a importância das discussões que apresentamos no início deste livro e que retomamos neste momento. Entendendo que o foco deste livro é a discussão da inclusão e suas relações com a educação, passamos a nomear tais políticas públicas como políticas de inclusão, assumindo o argumento que toda política governamental é pública.

Como entender as políticas de inclusão?

> Políticas de inclusão podem ser entendidas como manifestações/materialidades da governamentalidade ou da governamentalização do Estado moderno. O que tais políticas almejam é atingir o máximo de resultados junto à população que se quer governar ou junto à população que está sob o risco (calculado) da exclusão, a partir de um esforço mínimo de poder (biopoder) (LOPES, 2011, p. 9).

Esse é o entendimento que assumimos e para isso é preciso retomar o conceito de governamentalidade tal qual o filósofo Michel Foucault nos ensinou, como uma condição de vida, como práticas de governamento, que têm na população seu objeto, na economia o saber mais importante e nos dispositivos de segurança seus mecanismos básicos (FOUCAULT, 2008a). Isso significa, como já destacamos, mas que frisamos novamente aqui, que na Contemporaneidade vimos se deslocarem os processos de normação para os de normalização. Deslocamento não por supressão, mas por ênfase. Vivemos uma ênfase maior dos processos de seguridade, mas que convivem com os disciplinares.

Nesse sentido é preciso entender que as políticas de inclusão em geral, bem como as de inclusão escolar, funcionam como potentes estratégias biopolíticas, que buscam garantir a segurança das populações, por meio da diminuição do risco social. Em outras palavras, estar seguro na sociedade e na escola para que processos que afetam a sociedade não aconteçam ou ao menos, sejam previstos e seus efeitos minimizados. A estatística e todos os processos de mensuração e avaliação são acionados em todas as dimensões das práticas sociais: saúde, educação, habitação, urbanismo, etc. É importante perceber que o processo de mensuração, de estatística, funciona como uma tecnologia, contribuindo para o governo da população. Traversini e Belo (2009, p. 143) ao analisar a relação entre o saber estatístico e a governamentalidade, reforçam esse argumento:

> Se entendermos tecnologia como "aqueles meios a que, em determinada época, autoridades de tipo diverso deitam mão para moldar, instrumentalizar e normalizar a conduta de alguém" (Ramos do Ó, 2005, p. 20) e conduzir também parcelas da população, então a estatística pode ser considerada uma tecnologia para governar.

A governamentalidade neoliberal é a racionalidade que vai operar e acionar o imperativo da inclusão. Sob esse imperativo todos devem ser incluídos no mesmo espaço e viver cada vez mais essa condição de segurança, evitando o risco social. Presenciamos o espaço entendido como uma empresa, ou melhor, como um Estado empresa, em que tudo precisa funcionar na lógica empresarial para ser mais econômico e mais produtivo. Podemos afirmar que a normalização alimentada pelos dados estatísticos vai governar os sujeitos de uma forma mais econômica, porque estende seu governo sobre a população, com biopolíticas que, ao atingir as populações, trazem cada um, cada sujeito previsto neste processo de normalização para viver e dobrar-se a essas verdades que ele mesmo gerencia e se autoproduz, tornando-se um empreendedor de si mesmo. As subjetividades inclusivas, produzidas nesse contexto, serão outras, diferentes daquele sujeito da sociedade disciplinar e produzidos sob a égide de outras racionalidades de Estado. Como as políticas de inclusão passam a ser produzidas e consideradas necessárias?

Desde os pressupostos da Modernidade, é a educabilidade que instiga a produção e une todas as teorizações pedagógicas. De alguma forma ou de outra, todas têm como foco esse sujeito educável (isso pode ser observado desde Comenius, no século XVII) e essa condição da educabilidade é que vai possibilitar que práticas de governamento se desenvolvam de variadas formas na Contemporaneidade. Acreditamos junto com Silva e Fabris (2010) que a educabilidade contemporânea tem intensificado as práticas de governamentalidade, isto é, estaria a produzir outras condições de governamento, pois "em uma sociedade movida muito mais por dispositivos de seguridade que pelos disciplinares, mostram-se eficientes na visibilidade de outra maquinaria pedagógica, em que a escola é apenas mais uma agência para, com base na educabilidade, colocar em ação a governamentalidade" (Silva; Fabris, 2010, p. 354).

Os autores mostram o impacto das mídias contemporâneas nesse jogo educabilidade/governamentalidade. Mostram que podemos ampliar para as multiplicidades de espaços que se constituem como educativos na sociedade atual. Atualmente parece que tudo tem uma dimensão educativa, todos os espaços tomam para si o mote da educação. O Estado ao se governamentalizar, prescinde da educabilidade; ele se potencializa pela ação da educação. A educabilidade é condição para que a governamentalidade se desenvolva nas escolas, instituições de ensino e sociedade em geral. Em outras palavras, para que a governamentalidade se exerça, é preciso que a Razão de Estado a mobilize, tomando cada um como parte dessa maquinaria, que agora já não funciona só pela ação sobre os corpos, mas da ação sobre toda a população. Dessa forma, a educabilidade vai funcionar como uma condição necessária para produzir táticas e estratégias para a regulação e controle dos sujeitos na produção de subjetividades governamentalizadas. Sujeitos que incorporam o Estado, por isso essas práticas de governamentalidade são intensificadas pela educabilidade contemporânea, uma vez que tudo na sociedade passou a ter uma dimensão educativa. A sociedade é educativa. Esse é o jogo para o qual o Estado neoliberal é necessário, pois se todos estiverem incluídos, todos estarão jogando o jogo proposto pelo mercado ou ainda do Estado empresa. Mas nossos leitores podem estar se perguntando o que tem isso a ver com políticas de inclusão.

Entendemos que os processos inclusivos são produzidos no social. É impossível falar de inclusão escolar ou social sem falar em seu oposto: a exclusão. Como já dissemos, os processos de in/exclusão são relacionais, dependem um do outro para acontecer. Não há como ficar fora dos intensos jogos dessa política neoliberal que nos agrega a essa sociedade disciplinar e, agora, mais intensamente à sociedade de normalização ou de controle. Somos subjetivados por esses sentidos e forças, adquirimos cada vez mais essa *subjetividade inclusiva*. Para entender as políticas de inclusão e seus impactos sobre educação é importante que acompanhemos alguns movimentos da educação dos in/excluídos.

Educação especial e seu lugar nas práticas de inclusão

Optamos por não desenvolver uma história da educação especial, pois nosso objetivo é analisar a educação especial a partir das políticas públicas. Registramos a importância de tais estudos, desenvolvidos por pesquisadores brasileiros, muitos dos quais utilizaremos nas reflexões aqui sistematizadas e que podem ser acessados na sua íntegra, para uma revisão completa da história da educação especial. É o caso de Pessoti (1984), Bianchetti (1995), Mazzota (2001), Jannuzi (2004), Bueno (2004), Baptista e Jesus et alii (2009), Kassar (1998), entre outros.

Nossa intenção neste momento é mostrar como a educação especial, desde seus primórdios,[13] quando emerge dentro de uma concepção clínica terapêutica, está inscrita como uma reação de inclusão, pois na sua gênese está uma nova forma de governar as coisas do Estado, uma nova arte de governar. Uma nova arte de governar que se expande entre a tensão mundial mobilizada pelo capitalismo avançado de inspiração Keinesiana e um Estado brasileiro liberal conservador (1930 a 1980). O capitalismo avançado que apregoava o *Walfare State* ou um *Estado de bem-estar social*, tinha

---

[13] Conforme Kassar (ao) na década de 1950 e no início dos anos 1960 o Brasil vivenciou mobilizações sociais e educacionais que despertaram o interesse dos poderes públicos com a aprendizagem e também com a educação especial. Nas palavras da autora: "Um exemplo nítido dessa preocupação é a atenção dada ao atendimento do portador de deficiências pela Lei de Diretrizes e Bases de 1961. É a primeira vez que a legislação brasileira versa claramente sobre a educação especial".

como uma de suas mais significativas características, a implantação e o fortalecimento de políticas sociais por meio de serviços que atendessem a população. Tal forma de capitalismo não esteve tão marcadamente presente no Brasil daquele momento histórico, pois era possível observar, agindo com mais força, práticas que enfatizavam as condições dos indivíduos em prover suas próprias necessidades por meio de seu trabalho e mérito pessoal, assim como ênfase em um espírito solidário capaz de impulsionar aqueles menos favorecidos e deficientes a se desenvolver e a se profissionalizar (dentro das condições individuais que apresentavam). Nesse sentido, por exemplo, no caso da educação dos sujeitos com deficiência e "clientes" da educação especial, o atendimento e a escolarização não foram assumidos diretamente pelo Estado. Isso significa que o processo de escolarização de tais sujeitos não se deu, em sua maioria, na escola pública, portanto sob a tutela direta do Estado, mas em instituições especializadas e assistenciais. Diante da necessidade de garantir um Estado que estava calcado no liberalismo clássico, o princípio da solidariedade humana foi fortalecido gerando, desse modo, o atendimento da pessoa com deficiência no setor privado. Além do espírito de solidariedade que caracterizou a educação especial e marcou a Lei de Diretrizes e Bases da Educação 4.024, de 1961,[14] é importante destacar o espírito de profissionalização que marcou a LDB 5692,

---

[14] A LDB 4024/71 regulamenta a política e as propostas educacionais para as pessoas com deficiência. Decorrente dela o atendimento às pessoas com deficiência foi organizado entre o setor público e o privado, bem como foram definidas as formas de atendimento disponíveis para tais sujeitos. Ficou garantido, dentro do possível, que o atendimento educacional das pessoas com deficiência se daria, na escola regular, mas também ficou garantido apoio financeiro para as instituições privadas que realizassem tal trabalho.

de 1971, bem como o espírito de desenvolvimento de potencialidades dos indivíduos que marcou o Parecer do Conselho Federal de Educação nº 848/72, que destacava a implementação de técnicas e de serviços especializados para o atendimento adequado à excepcionalidade. Aliada às prerrogativas educacionais da LDB, de 1971, e às prerrogativas do CFE, de 1972, a educação passa a ser uma condição necessária mas não suficiente para o desenvolvimento social porque ela possibilitava as condições para a adaptação do sujeito ao seu meio social. Portanto, na base do atendimento especializado e da própria educação especial, podemos ver condições de possibilidade para que posteriormente no início do século XXI, a inclusão aparecesse como preocupação central e como um dos fins da educação nacional para as pessoas com deficiência (no caso da educação especial).

Para conduzir nosso argumento de que a educação especial sempre operou visando a integração e a inclusão da pessoa com deficiência na sociedade, vamos sair um pouco desse recorte temporal, geográfico e epistemológico. Propomos retomar algumas partes da aula de 15 de janeiro de 1975 do curso *Os anormais*, em que Foucault (2001) mostra como de um modelo de exclusão dos anormais, produzido pelo modelo da peste, se passa a viver um processo de inclusão. Ele resume seu argumento da seguinte forma:

> [...] a substituição do modelo da lepra pelo modelo da peste corresponde a um processo histórico importantíssimo que chamarei, numa palavra, de invenção das tecnologias positivas de poder. A reação à lepra é uma reação negativa: é uma reação de rejeição, de exclusão, etc. A reação à peste é uma reação positiva: **é uma reação de inclusão**, de observação, de formação de saber, de multiplicação

dos efeitos de poder a partir do acúmulo da observação e do saber. Passou-se de uma tecnologia do poder que expulsa, que exclui, que bane, que marginaliza, que reprime, a um poder que é enfim, um poder positivo, um poder que fabrica, um poder que observa, um poder que sabe e um poder que se multiplica a partir de seus próprios efeitos. (FOUCAULT, 2001, p. 59-60, grifo nosso).

A educação dos anormais transita por essas formas de governo e as políticas públicas, entendidas como práticas de governamentalidade, vão se expressar por meio dessa matriz de reação positiva. Embora o termo inclusão já fosse utilizado para analisar esse movimento, ele apenas funcionou como condição de possibilidade para o que viveríamos anos mais tarde. A expressão inclusão vai ser necessária e emerge no século XX, conforme já abordado nos capítulos anteriores. No antigo regime e na Idade Média esses seres eram excluídos, isolados, banidos ou mortos. Em Esparta, por um ideal do corpo perfeito, a medida era a perfeição corporal, e quem não entrasse nessa medida era banido. Na Idade Média, a partir de um discurso religioso eram conduzidos para a fogueira (Inquisição) ou para outros tipos de banimento. O pastor Martinho Lutero, no século XVI, no seu relato mostra como definia os anormais. Os anormais eram considerados seres dominados por demônios, por isso deviam ser exterminados.

> Há oito anos vivia em Dessau um ser que eu, Martinho Lutero, vi e contra o qual lutei. Há doze anos, possuía vista e todos os outros sentidos, de forma que se podia tomar por uma criança normal. Mas ele não fazia outra coisa senão comer, tanto como quatro camponeses na ceifa. Comia e defecava, babava-se, e quando se lhe tocava, gritava. Quando

as coisas não corriam como queria, chorava. Então, eu disse ao príncipe de Anhalt: se eu fosse o príncipe, levaria essa criança ao Moldau que corre perto de Dessau e a afogaria. Mas o príncipe de Anhalt e o príncipe de Saxe, que se achava presente, recusaram seguir o meu conselho. Então eu disse: pois bem, os cristãos farão orações divinas na igreja, a fim de que Nosso Senhor expulse o demônio. Isso se fez diariamente em Dessau, e o ser sobrenatural morreu nesse mesmo ano (LUTERO *apud* PESSOTTI, 1984, p. 13).

É importante perceber que, mesmo depois do esmaecimento dessa forma de pensamento da Igreja, a relação deficiência e pecado permanecerá circulando e produzindo efeitos. Mas a Igreja toma outra posição frente aos anormais, assumindo com o cristianismo a missão de salvá-los, curá-los, tirá-los do pecado. Aos poucos o discurso teológico migra para o discurso médico, mesmo que inicialmente numa dimensão inatista, na qual nada, ou muito pouco, era possível fazer, pois essas pessoas traziam um defeito de nascimento, as suas deficiências, as anormalidades.

Podemos dizer que o gérmen da educação especial, nasce com as pedagogias disciplinares e corretivas (VARELA, 2002), em que o processo de normalização sobre o corpo é intenso e contínuo, buscando não só adestramento, treinamento, mas sua correção. Nesse sentido é importante marcar o trabalho dos primeiros médicos educadores que se dedicaram à causa dos anormais e marcam a transição da religião para a medicina e da medicina para a educação, podem ser tomados como os pioneiros da educação especial (TEZZARI; BAPTISTA, 2011).

É recorrente nos históricos da educação especial que figurem os médicos Itard, Séguin, Montessori,

Korczac, pois eles "tiveram seu interesse pelas crianças despertado na prática da medicina, mas não encontraram nessa área do conhecimento e de atuação as respostas ou as alternativas para promover o desenvolvimento e a aprendizagem das mesmas" (TEZZARI; BAPTISTA, 2011, p. 21). É nesse cenário que queremos discutir as políticas de inclusão que se constituem no Brasil, mas possuem marcas de um processo mais amplo que se inscrevem nas diferentes formas de governamento que a sociedade vai experienciando, com práticas ora includentes, ora excludentes, e até mesmo de violência com a privação dos direitos como nos diferentes tipos de racismo que a humanidade já viveu e vive: nazismo, xenofobia, homofobia, etc.

Na coletânea *Microfísica do poder*, ao problematizar os discursos da saúde no século XVIII, Foucault reafirma a função e a legitimidade do médico no exercício de práticas biopolíticas. "O médico se torna o grande conselheiro e o grande perito, se não na arte de governar, pelo menos na de observar, corrigir, melhorar o 'corpo' social e mantê-lo em um permanente estado de saúde" (FOUCAULT, 2000, p. 203).

Os racismos produzidos a partir de práticas bioliticas assumem a forma de racismos políticos. Conforme Rabinow e Rose (2006, p. 34):

> [...] permitem ao poder subdividir uma população em subespécies, para designá-las em termos de um substrato biológico e para iniciar e sustentar um conjunto de relações dinâmicas nas quais a exclusão, o encarceramento ou a morte daqueles que são inferiores pode ser vista como algo que tornará a vida em geral mais saudável e mais pura.

Com a privação dos direitos e uma eugenia acentuada, o que se percebe são relações não de poder, mas de dominação, em que a tônica é a violência, em que se obtém o direito de matar para fazer viver.[15] Fizemos essa aparente digressão para mostrar a atmosfera em que as políticas de inclusão são gestadas em tempos de biopolíticas, em que o biopoder se exerce sobre a vida espécie. Um campo minado onde o fazer viver e ter direito de matar (para preservar a vida espécie) passa a ser uma decisão política, definida em um campo conflituoso de interesses diferentes e desigualdades gritantes, mas em que a justificativa sempre será a vida, embora a vida de alguns possa ser eliminada para que a população seja preservada. Nesse sentido, os movimentos sociais sempre representaram uma grande força mobilizadora para que não apenas quem exerce a dominação pudesse viver e que o morrer não fosse justificado com a necessidade da morte dos mais desiguais, porque sujam, adoecem, empobrecem e enfraquecem o mundo. Após as atuais manifestações de rua, que ocorreram em todo o Brasil, em meados de 2013, mobilizadas pelas redes sociais, não temos tanta certeza da potência desses movimentos sociais nas suas formas tradicionais. Embora sejamos partidárias dessas formas de luta da população, parece-nos que em tempos de biopolíticas, ao mesmo tempo em que recrudescem as lutas e se multiplicam as causas, o racismo e a violência não têm diminuído.

Daqui para frente, queremos analisar como a educação especial seguiu uma trajetória que integra esse movimento que tentamos explicitar sob a ótica

---

[15] A medicina é um campo fértil para experiências, pesquisas e exames que podem configurar esse direito de matar ou de deixar viver. Exemplo: pesquisas com seres humanos com abusos que ferem os direitos humanos, em nome do desenvolvimento da ciência e da melhoria da vida espécie. Exames complexos na fase de gestação da criança para detectar anormalidades.

de ações da governamentalidade neoliberal e de práticas biopolíticas.

A educação escolar no Brasil, como processo de escolarização, amparada por políticas públicas, surge tardiamente e com a marca da elitização, que regia a educação na época. A Constituição de 1824, a primeira do Brasil, prometia a "instrução primária e gratuita a todos", mas esse processo estava longe de atingir toda a população, muito menos aqueles considerados incapacitados. Nesse documento as pessoas com deficiência não eram consideradas cidadãs. No artigo 8º, da Constituição de 1824, fica clara a suspensão do exercício dos direitos políticos pessoas que forem diagnosticadas como incapazes de responder por si seja por razões de incapacidade física, sensorial, cognitiva, moral, seja porque esteja recluso. Vejamos o referido artigo:

> Art. 8. Suspende-so o exercicio dos Direitos Politicos
> I. Por incapacidade physica, ou moral.
> II. Por Sentença condemnatoria a prisão, ou degredo, emquanto durarem os seus efeitos (BRASIL, 1824, manteve-se a grafia da época).

Segundo Januzzi (2004, p. 8), "[...] o atendimento ao deficiente, provavelmente iniciou-se através das Câmaras Municipais ou das confrarias particulares". Nesse momento a questão social que desafiava era a condição de abandono da infância, crianças eram abandonadas e, nessa condição, sofriam ataques de animais e viviam condições adversas de sobrevivência pela exposição às intempéries e falta de atenção e cuidados básicos. Muitas dessas crianças poderiam ser pessoas com deficiência, que nesse momento viviam em uma sociedade que as escondia quando não as exterminava. O próprio movimento da educação de massas vai produzindo na oferta da escolarização deslocamentos importantes, entre os quais assumir a educação daqueles considerados incapazes. Conforme Varela (2002, p. 88):

> A escola obrigatória fazia parte, portanto, de um programa de regeneração e de profilaxia social baseado nos postulados do positivismo evolucionista. Numerosos filantropos, economistas e reformadores sociais, ao aceitar a teoria segundo a qual a ontogênese recapitula a filogênese (Lei de Haeckel), vão estabelecer toda uma série de analogias entre a criança, o selvagem e o degenerado. Deste modo, se fará corresponder o estágio de selvageria com o da infância. As crianças, e especialmente as crianças das classes populares, se identificam com os selvagens. Civilizá-los e domesticá-los constitui o objetivo dessa escola pública obrigatória na qual continuarão reinando as pedagogias disciplinares.

Essa escola que rompe com os hábitos e costumes da classe trabalhadora, vai produzir uma nova classificação: a infância anormal ou delinquente. O controle social era a preocupação mais visível desses primeiros investimentos sobre a criança anormal, e o grupo que a constituía era bem amplo. Veja-se como Varela (2002, p. 89) descreve esse processo das crianças que resistem à obrigatoriedade escolar.

> As crianças "insolentes, indisciplinadas, inquietas, faladoras, turbulentas, imorais e atrasadas" serão classificadas por Binet como anormais. [...] Rose de Luna, por exemplo, encontra ainda mais gêneros e espécies que Binet nessa infância [...]' abúlicos, teimosos, mimosos, parabúlicos, cretinos, sem sentimentos, desconfiados, frios, desmemoriados,

memoriosos, visionários, terroristas, surdos-mudos, cegos, de gostos grosseiros, inexpressivos, imbecis, histéricos, hiperistéricos, passionais e masturbadores.

Como podemos perceber a descrição é ampla e abarca um conjunto de características desses sujeitos, todos reunidos sob a classificação de anormais. É importante atentar para um detalhe, a partir do incremento das políticas de inclusão como práticas biopolíticas: essa classificação só aumentará cada vez mais, mas com distintas categorias, pois os saberes de todas as áreas do conhecimento se voltarão sobre os sujeitos para melhor conhecê-lo, esquadrinhando-o em todas as suas possibilidades de entendimento, para que a vida biológica da espécie seja assegurada, ou melhor, a vida que depois de avaliada, pesquisada, mostre que merece viver. É importante lembrar nesse momento em que até as pesquisas[16] podem funcionar como seleção e investimento nessa proteção biopolítica, que pode levar ao racismo político.

No século XIX já havia algumas iniciativas de associações e/ou de cidadãos brasileiros para atendimento a cegos, surdos, deficientes mentais e físicos. No entanto, a educação dos deficientes vai entrar nas políticas educacionais brasileiras nas décadas de 1950 e 1960 (MAZZOTA, 2001). Esse autor lança luz sobre dois períodos: (a) de 1854 a 1956 referente às iniciativas oficiais e particulares isoladas e (b) de 1957 a 1993 das iniciativas de âmbito nacional.

---

[16] Candiotto e D'Espíndula (2012) analisam o caso Tuskegee, descrevendo o caso de uma pesquisa com pessoas infectadas com sífilis e que ficaram 40 anos sem ter acesso ao tratamento gratuito prometido, mesmo depois ter sido descoberto um tratamento mais eficaz. Esse caso é exemplar de como uma pesquisa pode se transformar em uma prática biopolítica, que funciona como um tipo de racismo político.

Até a década de 1950 quase não se falava em educação especial, mas de educação de deficientes (BUENO, 2004). Para o nosso objetivo de adentrar as políticas de inclusão, interessa mostrar como a educação desses sujeitos passa a ser preocupação do Estado. Pelo Decreto Federal nº 42.728, de 3 de dezembro de 1957, é lançada a Campanha para a Educação do Surdo Brasileiro. Segundo esse autor, a educação do sujeito deficiente teve inicialmente esse caráter de campanhas, que foram seguidas em 1958 para os deficientes da visão, em 1960 para os deficientes mentais. Acompanhando tanto os Planos Nacionais de Educação e as Leis de Diretrizes e Bases da Educação é possível observar que a educação que se gesta para atender os sujeitos com deficiência é a chamada educação especial, com um cunho clínico terapêutico, em que se buscava pela normalização disciplinar realizar a ortopedia corporal. A tônica nessa educação era corrigir o corpo, normalizá-lo para fazê-lo segundo os moldes da correção que os estudos clínicos da área médica indicavam. Só mais tarde, com o advento da psicologia, os discursos *psi* adentram a educação especial. O objetivo era atuar sobre o corpo dos sujeitos, com saberes específicos, atuar na descrição cada vez mais acentuada e microscópica nos diagnósticos para que fosse possível a captura também da alma desses sujeitos. Ações que farão proliferar uma população de especialistas e, consequentemente, de múltiplos "casos". A escola tomará para si esses diagnósticos como toda a verdade sobre os sujeitos e acabará intensificando a invenção desses sujeitos que precisam ser corrigidos. Menezes (2011), ao analisar a escola como maquinaria de normalização a serviço do Estado para a produção de subjetividades inclusivas, nos ajuda a entender esse deslocamento das práticas e subjetividades aí produzidas:

Essa modelagem de comportamento ou treino de habilidades, tomada na época como a maior possibilidade de reabilitação nessas instituições, pode ser analisada em função do deslocamento das influências médico-clínicas para a influência que a psicologia do desenvolvimento passa a ter na área educacional neste século. Esse olhar psicologizante, capaz de predizer quem são os alunos com deficiência e até onde eles poderão evoluir em suas aprendizagens, passou a embasar de forma determinante as práticas das instituições especializadas em meados do século X e continua direcionando as ações educacionais (MENEZES, 2011, p. 24)

É importante ressaltar que esses deslocamentos vão produzindo não só os sujeitos da deficiência, como as subjetividades envolvidas nesses processos de educação, a autora refere que denominações como "atendimento", "diagnóstico" e "tratamento" passam a dar lugar para termos como "estudo de caso", "avaliações", "pareceres". A modelagem de comportamento dá lugar para os diferentes e estratificados estágios de desenvolvimento, advindos dos saberes da área *psi*. Essa foi a transição das pedagogias corretivas para as pedagogias psicológicas, que já vínhamos anunciando que não param de se ampliar e produzir novas formas de ensinar os sujeitos desse tempo. Em Lopes e Fabris (2005) já fazíamos referência às pedagogias de controle e de vigilância que estão presentes na Contemporaneidade e que vinculamos às relações que esse estabelecem, mais amplamente, na sociedade de seguridade.

A educação especial desenvolve-se no Brasil com muitas críticas, entre elas: o acento na deficiência, a segregação dos alunos em salas e escolas especiais; a falta de acessibilidade nas próprias escolas, a forte ênfase na correção e na compensação, o foco assistencialista e muitas vezes de tolerância que, muitas vezes, parecia determinar as práticas profissionais. A educação especial se desenvolvia como uma resposta aos problemas da escola comum, ou seja, eram nas salas especiais ou escolas especiais que alunos com as mais diferentes síndromes, deficiências, etc., eram matriculados e permaneciam, muitas vezes, sem muitos estímulos para o seu desenvolvimento e aprendizagem. Conforme Freitas (2010, p. 27):

> [...] no século XX, a desinstitucionalização começa a ocorrer com programas escolares para deficientes mentais. Os serviços especiais foram diversificados e as classes especiais passaram a integrar o contexto escolar. No Brasil, as classes especiais foram criadas entre 1960 e 1965, em todo o país, para pessoas excepcionais. Este era o termo empregado exclusivamente para as pessoas que freqüentavam as classes especiais.

As políticas públicas, nesse período de desinstitucionalização, buscaram retirar dos asilos e instituições clínicas esses sujeitos para tentar integrá-los ao sistema de educação em geral. Embora os efeitos possam ser avaliados como excludentes, a educação especial emerge como reação de inclusão, pois integra a lógica que é preciso estar na escola ou escola especial, para que possam ser melhor governados.

No Brasil, as políticas de inclusão, sob o princípio da integração e normação, se desenvolverão ainda de forma frágil, pois essas políticas contam e promovem uma grande responsabilização das instituições privadas e filantrópicas para desenvolver a educação das pessoas com deficiência. A legislação sobre a educação desses sujeitos e da formação de professores para a educação especial mostra que o Estado, com suas políticas, não chegava a quem precisava delas, pois era dada a essa modalidade de ensino um espaço segregado e limitado dentro da formação tanto dos alunos quanto dos professores que deveriam atuar nessa modalidade de ensino. Não faremos uma varredura sobre todas as legislações brasileiras, mas citaremos aquelas que mais impactaram como políticas públicas, que funcionaram como condições de possibilidade para que, a partir dos anos 1990 se pudesse viver a intensificação das políticas de inclusão na educação dos anormais de nosso tempo.

Acompanhando o registro de vários pesquisadores da área (Mazzota, 2001; Januzzi, 2004), optamos por registrar algumas legislações, dando ênfase aos efeitos de tais legislações na educação e na formação dos professores, pois consideramos que essas condições são importantes para que uma política pública para a educação obtenha uma implantação e desenvolvimento de qualidade, pois são aspectos que avaliamos como necessários assegurar desde a publicação de tais proposições legais.

Iniciamos citando a Lei de Diretrizes de Bases da Educação Nacional, de 1961 (Lei 4024/61), que mantém a terminologia excepcionais, comum nesse período e posiciona e educação desses sujeitos dentro do "sistema geral de educação". O sentido genérico e universal dessa educação poderia deixar à margem os sujeitos enquadrados como especiais, que nesse caso seriam atendidos por meio de bolsas e outras formas de subvenções. Nesse período a formação dos professores pode ser entendida como orientada por políticas especiais. Citamos os artigos de duas Leis de Diretrizes e Bases da Educação que ajudam a reforçar esse argumento.

LDB 4024/61

Art. 88. A educação de excepcionais deve, no que fôr possível, enquadrar-se no sistema geral de educação, a fim de integrá-los na comunidade.

Art. 89. Tôda iniciativa privada considerada eficiente pelos conselhos estaduais de educação, e relativa à educação de excepcionais, receberá dos poderes públicos tratamento especial mediante bôlsas de estudo, empréstimos e subvenções (BRASIL, 1961, manteve-se a grafia da época).

LDB 5692/71

Art. 9º Os alunos que apresentem deficiências físicas ou mentais, os que se encontrem em atraso considerável quanto à idade regular de matrícula e os superdotados deverão receber tratamento especial, de acordo com as normas fixadas pelos competentes Conselhos de Educação (BRASIL, 1971).

A Lei nº 5.692/71, tanto quanto a LDBEN de 1961, não promove a organização de um sistema de ensino capaz de atender esses sujeitos nas suas diferentes e múltiplas necessidades, por isso acaba reforçando o encaminhamento dos alunos para as classes e escolas especiais. Elas podem ser agrupadas dentro de uma classificação das políticas do especial, pois mantêm a forma segregada dessa modalidade de ensino ao registrar sua opção por um modelo preventivo/corretivo em diferentes portarias que se seguiram a essas legislações (MAZZOTA, 2001). Gostaríamos de destacar uma referência importante para entendermos a relação que permanece até nossos dias entre educação especial e deficiência, questão que pode ter sido produzida justamente nessas legislações iniciais. Mazzota (2001, p. 75), se posiciona diante de tal relação:

> Cabe aqui assinalar que ora os dispositivos legais referem-se aos 'excepcionais', ora aos 'deficientes'. Ao assegurar aos *deficientes* a *educação especial* os legisladores parecem ter entendido existir uma relação direta e necessária entre deficiente e educação especial.

Consideramos que essa vinculação inicial era a forma como tais políticas expressavam o momento que vivíamos em termos políticos, econômicos e educacionais, mas que vão ter uma enorme força nas representações dessa área quando, mais tarde, na década de 1990, passamos a viver sob a égide das políticas da educação inclusiva ou, como já referido anteriormente, sob o imperativo da inclusão.

Importa registrar que, dentro do movimento de militância e de ações de outras agências no âmbito privado ou comunitário, surge o movimento apaeano,[17] que em 1954, antes da LDB de 1961, já mobilizava os pais e amigos dos excepcionais, com uma posição marcada inicialmente por uma visão patológica baseada em discursos clínicos e tratamentos terapêuticos. O atendimento era centrado na dimensão técnica e especializada, mas que passa por ressignificações diante de novas pesquisas e legislações que se intensificam a favor da educação nessa modalidade de ensino, como a proposta da Apae educadora (Dolci, 2005).

---

[17] Para uma análise mais detalhada desse movimento sugerimos a leitura do texto "Viabilização da proposta Apae Educadora: a escola que buscamos" em Dolci (2005), em Lebedeff; Pereira (2005). A APAE (Associação de Pais e Amigos dos Excepcionais) organizou-se na cidade do Rio de Janeiro e teve seu registro oficial no dia 11 de dezembro de 1954. As mobilizadoras centrais foram uma mãe procedente dos Estados Unidos e a mãe de uma pessoa com síndrome de Down.

Outra ação importante foi a criação do Centro Nacional de Educação Especial (CENESP), que mantinha a política de integração para as pessoas com deficiência e com superdotação, com foco em ação assistenciais e iniciativas isoladas do Estado (Brasil, 2007).

Antes de analisarmos as políticas que envolvem a educação inclusiva é importante referir a Constituição Federal de 1888 e o Estatuto da Criança e do Adolescente como documentos importantes na problematização dos direitos das crianças e adolescentes incluindo a categoria das pessoas com necessidades especiais.

Muitos pesquisadores debruçaram-se no estudo e análise dessa fase das políticas do especial movidas pelos princípios de integração, que não finalizaram com a implantação de novos princípios a partir da década de 1990, com as políticas que regem a educação inclusiva. Mesmo atualmente já no século XXI, é possível detectar nas escolas e instituições essas pedagogias em pleno desenvolvimento. Uma política não se torna experiência de vida apenas pela publicação da legislação e implantação das políticas. Esse aspecto é uma condição necessária, mas não suficiente para que as práticas inclusivas se tornem uma atitude de inclusão (Provin, 2011), tal qual Foucault (2005, p. 341-342), nos possibilita pensar quando fala de uma atitude de Modernidade. Ele diz:

> [...] pergunto-me se não podemos encarar a modernidade mais como uma atitude do que como um período da história. Por atitude, quero dizer um modo de relação que concerne à atualidade; uma escolha voluntária que é feita por alguns; enfim uma maneira de pensar e de sentir, uma maneira também de agir e se conduzir que, ao

mesmo tempo, marca uma pertinência e se apresenta como uma tarefa. Um pouco, sem dúvida, como aquilo que os gregos chamavam de êthos (FOUCAULT, 2005, p. 341-342, grifo do autor).

Ainda recorrendo à autora citada, queremos tomar emprestado o seu entendimento de atitude e *êthos* a partir da definição de Foucault. Ela diz:

> [...] entendo a atitude como uma escolha, uma tomada de posição a respeito de algo e que reflete o comprometimento de alguém consigo mesmo e com o outro. Partindo dessa escolha, a maneira de estar no mundo será coerente com ela. É importante frisar que atitude nesse sentido não é algo unilateral, individualista, mas uma ação que envolve a relação de alguém consigo mesmo e com o outro. Esse *êthos*, esse modo de ser comprometido consigo e com o outro imprimiria outra dimensão para a experiência da inclusão (PROVIN, 2011, p. 101).

Por isso, mais uma vez advogamos pelo conceito de in/exclusão. Embora a educação especial marcasse um grande deslocamento das práticas institucionalizadoras (movimento de inclusão), ela ainda era restritiva dos direitos dessas pessoas em vários aspectos (movimento de exclusão), que as pesquisas e os movimentos sociais tentaram anunciar e produzir deslocamentos, pois na década de 1990, também mobilizados por movimentos de âmbito internacional, fazem emergir políticas de educação inclusiva.

A educação especial estava longe de ter atingido um patamar de qualidade quando as políticas de inclusão a partir de 1994, com a Declaração de Salamanca, passaram a mobilizar todos os países para assumirem as políticas da educação inclusiva.

Educação inclusiva

[...] ao tratarem a diferença como diversidade, as políticas de inclusão – nos modos como vêm sendo formuladas e em parte executadas no Brasil – parecem ignorar a diferença. Desse modo, ao invés de promoverem aquilo que afirmam quererem promover – uma educação para todos –, tais políticas podem estar contribuindo para uma inclusão excludente (VEIGA-NETO; LOPES, 2007, p. 949).

Aproveitamos a epígrafe para marcar a necessidade de a diferença ser tomada nas suas rupturas, nas brechas que consegue abrir, e não para representar ou identificar. A diferença apenas é, ou seja, não possui referente.

A educação para todos é uma utopia desde muito tempo. Podemos citar como exemplo a pansofia comeniana, que desde o século XVII, pregava que tudo devia ser ensinado a todos e que todos podiam aprender, por isso a importância do método único que pretendia "ensinar tudo a todos". Mas esse "para todos" não era ainda a medida que viria assegurar a educação para todos. Tivemos vários movimentos na área da educação que pretenderam ampliar esse sonho, podemos agregar todos esses esforços de ampliação com a Declaração dos Direitos Humanos em 1949, que em um acordo internacional compromete todos os países signatários da ONU a viver sob esses princípios, que se assumidos em sua totalidade e profundidade, poderiam ter evitado todos os racismos, discriminações e segregações e a necessidade de novas declarações que se seguiram para manter os sujeitos da diferença como possibilidades de uma vida mais digna e com a segurança de ver mantidos seus direitos. Coube à UNESCO fomentar esse movimento da educação para todos por meio da *Declaração Mundial sobre Educação para Todos*, elaborada a partir do encontro ocorrido em Jotiem, na Tailândia, em 1990. Esse documento, já no seu início, declara três questões básicas a serem enfrentas mundialmente, traçando um quadro da realidade que permanece desde a *Declaração Universal dos Direitos Humanos* (1948). Para sermos fiéis ao texto da *Declaração da Educação Para Todos* citamos literalmente:

> [...] mais de 100 milhões de crianças, das quais pelo menos 60 milhões são meninas, não têm acesso ao ensino primário: mais de 960 milhões de adultos – dois terços dos quais mulheres – são analfabetos, e o analfabetismo funcional é um problema significativo em todos os países industrializados ou em desenvolvimento.
>
> [...] mais de um terço dos adultos do mundo não têm acesso ao conhecimento impresso, às novas habilidades e tecnologias, que poderiam melhorar a qualidade de vida e ajudá-los a perceber e a adaptar-se às mudanças sociais e culturais: e, mais de 100 milhões de crianças e incontáveis adultos não conseguem concluir o ciclo básico, e outros milhões, apesar de concluí-lo, não conseguem adquirir conhecimentos e habilidades essenciais (UNESCO, 1990).

Essa declaração vai deflagrar vários compromissos internacionais, entre eles, os países terão o compromisso de elaborar um programa para ser desenvolvido em dez anos, o Plano Decenal de Educação para Todos.[18] Tal plano continha diretrizes políticas voltadas para

---

[18] Documento elaborado em 1993 pelo Ministério da Educação (MEC) destinado a cumprir, no período de uma década (1993 a 2003), as resoluções da Conferência Mundial de Educação Para Todos, realizada em Jomtien, na Tailândia, em 1990, pela Unesco, Unicef, PNUD e Banco Mundial.

a recuperação do quadro educacional da educação fundamental durante dez anos.

Ao adentrar nesse novo período das políticas de inclusão, agora focadas na educação inclusiva, precisamos fazer referência à Constituição Federal de 1988. Essa constituição acompanhando o movimento internacional também vai ampliar o espectro dos direitos das pessoas com algum comprometimento, bem como os compromissos da educação inclusiva para todos.

Entender como passamos de uma sociedade excludente para uma sociedade includente é uma necessidade, pois não significa que a inclusão esteja assegurada nessa sociedade includente e, é preciso também questionar se é possível esse imperativo se concretizar em sua totalidade e de uma vez para sempre. É preciso entender que a inclusão e a exclusão se alimentam e convivem em situações de trocas recíprocas, pois uma depende da outra para existir e para cambiar posições. Já discorremos nas páginas iniciais sobre os complexos jogos de in/exclusão em uma sociedade que se pretende inclusiva. Mostramos que nos parece sempre mais cuidadoso olhar para as diferentes e múltiplas posições desses sujeitos do que assumir a possibilidade de um total processo de inclusão ou de exclusão. Defendemos que estamos incluídos, pelo imperativo legal e moral da inclusão, pela ação do Estado governamentalizado, mobilizado pela racionalidade neoliberal, mas que ocupamos diferentes gradientes de inclusão, nas quais é sempre possível experimentar relações de in/exclusão. No entanto, é preciso afiar a crítica radical para que se garanta e amplie os direitos humanos, o que sempre se dará em disputas intensas de relações de poder, cada vez mais complexas e sujeitas às ambiguidades, pois recriadas e significadas para outras racionalidades.

Muitas palavras perdem a força política do tempo em que emergiram, mas ao se metamorfosear perdem o significado que estávamos acostumados e poderão produzir outros efeitos. Nesse sentido, sempre vale lembrar de algumas estratégias que podem ser utilizadas para quem vive nesses tempos de proliferação discursiva sobre tudo e sobre todos. Duchaschatzky e Skliar (2001, p. 119) nos desafiam a pensar sobre os *travestismos discursivos*. Eles alertam que "com a mesma rapidez na qual se sucedem as mudanças tecnológicas e econômicas, os discursos sociais se revestem com novas palavras, se disfarçam com véus democráticos e se acomodam sem conflito às intenções dos enunciadores do momento". Nem sempre representam rupturas com os pensamentos naturalizados sobre a diferença e a alteridade, não passando de "palavras da moda".

Veiga-Neto (2001, p. 108) nos apresenta, além de outras estratégias que precisam passar pela hipercrítica, a *proteção linguística*, que segue na mesma direção dos eufemismos linguísticos já comentados. Nessa estratégia o autor localiza todas as formas de nomeação do outro com o objetivo de manter o discurso "politicamente correto" e ou "fazendo dela uma questão apenas técnica ou, quanto muito, epistemológica –, e jogando para baixo do tapete a violência que se põe em movimento nessas práticas". Esse é o exercício que nos propomos, ao analisar as políticas de educação inclusiva e que temos tentado exercitar nas nossas pesquisas, aulas e militância por uma educação de qualidade para todos os sujeitos que vivem neste país. Com isso, já anunciamos que o solo que tentamos trilhar é desafiador não por ser mais difícil, mas pela complexidade que o mundo nos é apresentado. Quando nos detemos nos processos inclusivos, não temos apenas dois lados para avaliar: os que são pró-inclusão e os que são contra a inclusão, os explorados e os exploradores, mas uma variada e complexa trama que podem mostrar que posso estar incluído em um grupo e dentro desse grupo ser apresentado a múltiplas possibilidades de in/exclusão. Em algumas pesquisas já mostrávamos que a inclusão pode se constituir em uma "perversa forma de exclusão" (FABRIS; LOPES, 2003) ou ainda em uma inclusão excludente. Também é importante perceber que a inclusão não significa ocupar o mesmo espaço físico. A acessibilidade é uma condição necessária, mas não suficiente para que a inclusão se efetive. Nesse sentido, vale o alerta para que olhemos para cada prática educacional, cada expressão que usamos para nomear o outro e as coloquemos sob suspeita. Palavras que significam tolerância, culpabilização do outro, padrões culturais hegemônicos, identidade estável, universalidade, multiculturalismo, exotismo, déficit, respeito, integração são alguns exemplos de expressões que devem ser problematizadas quando utilizadas para pensar a inclusão.

Para adensarmos essa discussão, nos parece importante focar, mesmo que de forma breve, na legislação brasileira e ver como ela tem orientado as políticas de inclusão escolar. Para uma melhor visualização e compreensão dos movimentos das normativas brasileiras, apresentamos dois quadros de leis, resoluções e decretos em que a inclusão é referida, ambos elaborados por Ebling (2013). Tais quadros fornecem um panorama das normativas que determinam as práticas da educação inclusiva para as pessoas com deficiência, desde os anos 1990. O primeiro quadro apresenta uma síntese do que denominamos de conjunto de políticas educacionais inclusivas, e o segundo quadro apresenta as ementas de tais políticas.

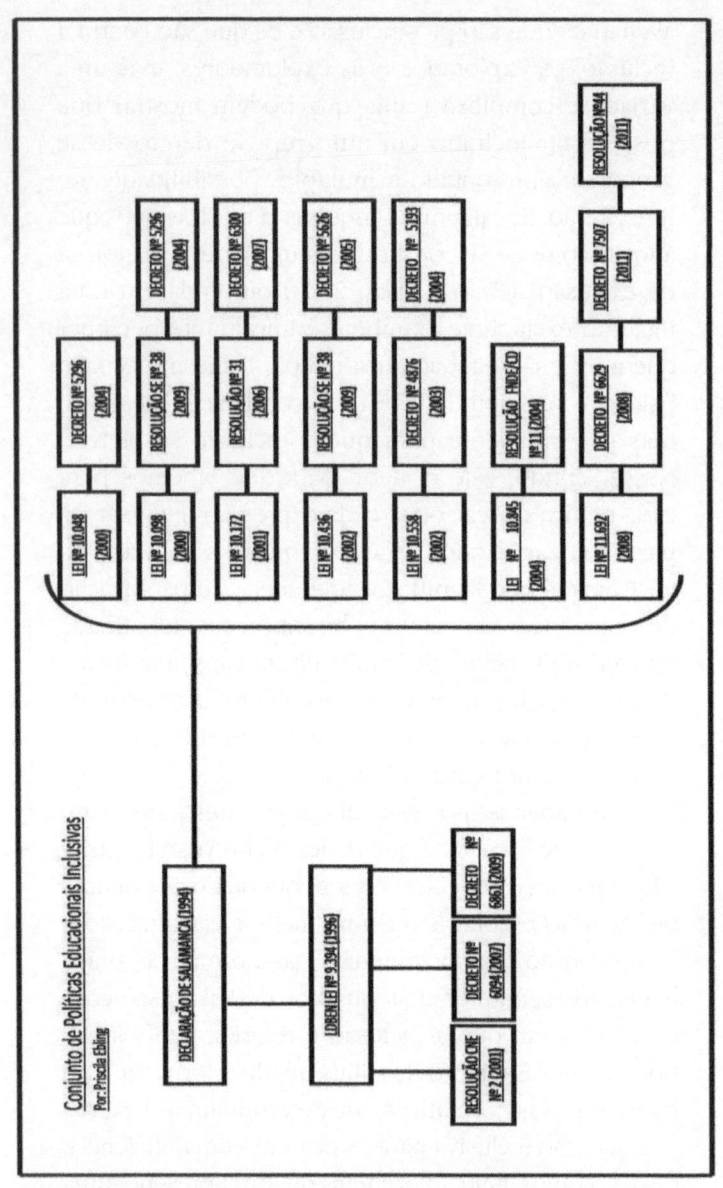

Quadro 1: Conjunto de políticas educacionais inclusivas. Fonte: Quadro elaborado por Priscila dos Santos Ebling (bolsista de Iniciação Científica PIBIC/CNPq/UNISINOS), em 2013.

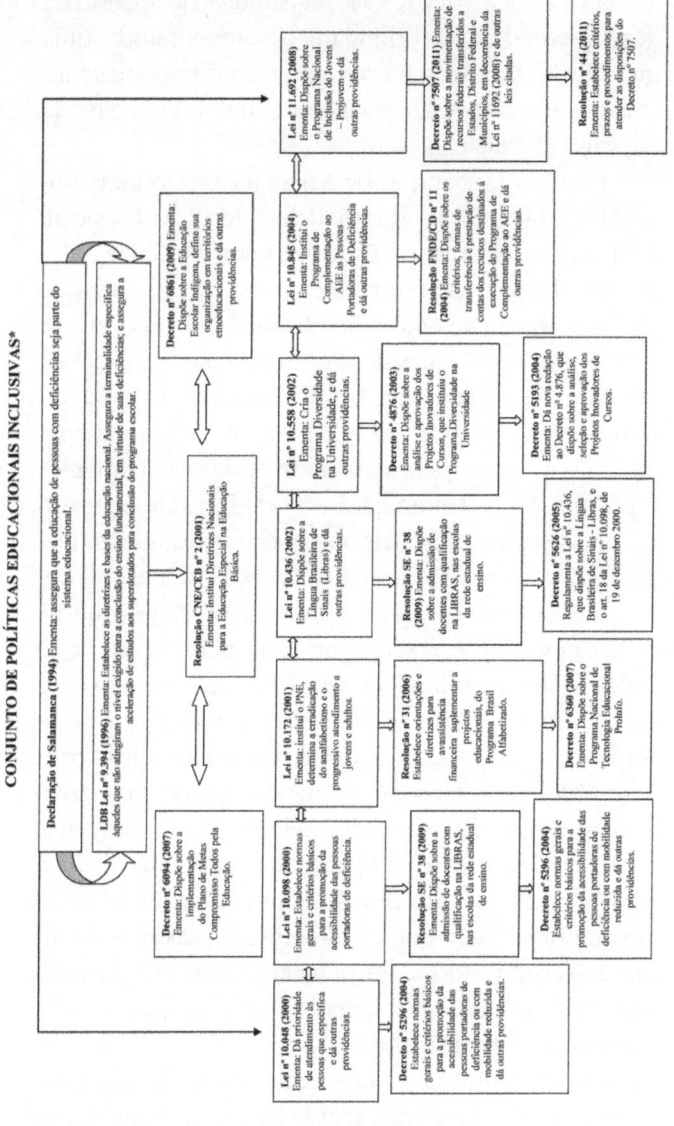

AS POLÍTICAS DE INCLUSÃO: MOVIMENTOS DA EDUCAÇÃO ESPECIAL À EDUCAÇÃO INCLUSIVA

CONJUNTO DE POLÍTICAS EDUCACIONAIS INCLUSIVAS*

Declaração de Salamanca (1994) Ementa: assegura que a educação de pessoas com deficiências seja parte do sistema educacional.

LDB Lei nº 9.394 (1996) Ementa: Estabelece as diretrizes e bases da educação nacional. Assegura a terminalidade específica àqueles que não atingirem o nível exigido para a conclusão do ensino fundamental, em virtude de suas deficiências; e assegura a aceleração de estudos aos superdotados para conclusão do programa escolar.

Decreto nº 6094 (2007) Ementa: Dispõe sobre a implementação do Plano de Metas Compromisso Todos pela Educação.

Resolução CNE/CEB nº 2 (2001) Ementa: Institui Diretrizes Nacionais para a Educação Especial na Educação Básica.

Decreto nº 6861 (2009) Ementa: Dispõe sobre a Educação Escolar Indígena, define sua organização em territórios etnoeducacionais e dá outras providências.

Lei nº 11.692 (2008) Ementa: Dispõe sobre o Programa Nacional de Inclusão de Jovens – Projovem e dá outras providências.

Decreto nº 7507 (2011) Ementa: Dispõe sobre a movimentação de recursos federais transferidos a Estados, Distrito Federal e Municípios, em decorrência da Lei nº 11.692 (2008) e de outras leis citadas.

Lei nº 10.098 (2000) Ementa: Estabelece normas gerais e critérios básicos para a promoção da acessibilidade das pessoas portadoras de deficiência.

Lei nº 10.172 (2001) Ementa: institui o PNE, determina a erradicação do analfabetismo e o progressivo atendimento a jovens e adultos.

Lei nº 10.436 (2002) Ementa: Dispõe sobre a Língua Brasileira de Sinais (Libras) e dá outras providências.

Lei nº 10.558 (2002) Ementa: Cria o Programa Diversidade na Universidade, e dá outras providências.

Lei nº 10.845 (2004) Ementa: Institui o Programa de Complementação ao AEE às Pessoas Portadoras de Deficiência e dá outras providências.

Resolução FNDE/CD nº 11 (2004) Ementa: Dispõe sobre os critérios, formas de transferência e prestação de contas dos recursos destinados à execução do Programa de Complementação ao AEE e dá outras providências.

Lei nº 10.048 (2000) Ementa: Dá prioridade de atendimento às pessoas que específica e dá outras providências.

Decreto nº 5296 (2004) Estabelece normas e critérios básicos para a promoção da acessibilidade das pessoas portadoras de deficiência ou com mobilidade reduzida e dá outras providências.

Resolução SE nº 38 (2009) Ementa: Dispõe sobre a admissão de docentes com qualificação na LIBRAS, nas escolas da rede estadual de ensino.

Decreto nº 5296 (2004) Estabelece normas e critérios básicos para a promoção da acessibilidade das pessoas portadoras de deficiência ou com mobilidade reduzida e dá outras providências.

Resolução SE nº 38 (2009) Ementa: Dispõe sobre a admissão de docentes com qualificação na LIBRAS, nas escolas da rede estadual de ensino.

Decreto nº 5626 (2005) Regulamenta a Lei nº 10.436, que dispõe sobre a Língua Brasileira de Sinais – Libras, e o art. 18 da Lei nº 10.098, de 19 de dezembro 2000.

Decreto nº 4876 (2003) Ementa: Dispõe sobre a análise e aprovação dos Projetos Inovadores de Cursos, que institui o Programa Diversidade na Universidade.

Decreto nº 5193 (2004) Ementa: Dá nova redação ao Decreto nº 4.876, que dispõe sobre a análise, seleção e aprovação dos Projetos Inovadores de Cursos.

Decreto nº 6300 (2007) Ementa: Dispõe sobre o Programa Nacional de Tecnologia Educacional Proinfo.

Resolução nº 44 (2011) Ementa: Estabelece critérios, prazos e procedimentos para atender às disposições do Decreto nº 7507.

Resolução nº 31 (2006) Estabelece orientações e diretrizes para assistência financeira suplementar a projetos educacionais, do Programa Brasil Alfabetizado.

*Elaborado por Priscila dos Santos Ebling, bolsista de iniciação científica, com financiamento do CNPq (bolsa PIBIC/CNPq).

Quadro 2: Conjunto de Políticas Educacionais Inclusivas — Ementas. Fonte: Quadro elaborado por Priscila dos Santos Ebling (bolsista de Iniciação Científica PIBIC/CNPq/UNISINOS), em 2013.

As políticas que estão registradas no Quadro 2 desempenharam e continuam desempenhando uma importante função para a ampliação das práticas inclusivas na educação brasileira e desse conceito de educação inclusiva.

Desde a Declaração de Salamanca, elaborada durante a Conferência Mundial de Educação Especial, realizada em Salamanca, Espanha, entre 7 e 10 de junho de 1994, há um comprometimento das nações para que a educação das pessoas com necessidades especiais se desenvolva no sistema de ensino regular. Os propósitos foram refirmados na Lei de Diretrizes e Bases da Educação de 1996, Lei nº 9.394/96, embora ainda com algumas críticas, pela expressão "preferencialmente" e por manter a denominação "portadores de deficiência". Mas podemos avaliar que houve investimento nos princípios assumidos com a Declaração de Salamanca.

Dessa forma, é importante ter presente que as políticas vão apresentar regras e normativas para que todos sejam incluídos. A inclusão como imperativo de Estado, mais do que se apresentar como algo que se impõe a todos, necessita contar com normativas para fazer valer e legislar sobre as práticas. Como imperativo temos que aceitar essa interpelação do Estado, mas como sujeitos desse tempo precisamos radicalizar a crítica, para que possamos analisar as condições de possibilidade para que os diferentes gradientes de inclusão sejam vividos e que a inclusão não seja entendida como um ponto de chegada, mas como um desafio permanente. Estar incluído é viver a possibilidade de, no minuto seguinte, viver a experiência da exclusão. A in/exclusão deve ser a condição para pensarmos as nossas práticas educativas escolares. Se a legislação nos apresenta a inclusão como um imperativo de Estado, é na opção pelo processo de in/exclusão que podemos dividir o peso do imperativo.

Isso significa que podemos entender tal imperativo como condição necessária, embora não suficiente, para desencadearmos práticas de inclusão que nos mobilizem a realizar mudanças culturais e, portanto, mudanças que ultrapassam técnicas e formas prontas de como sermos politicamente corretos na relação com o outro. Talvez a mudança da cultura venha mobilizada pelo "dar-se conta" de que estar incluído não é um *status* que uma vez atingido, podemos viver tranquilamente. Trata-se de uma luta constante entre o estar e o não estar incluído, não nos lugares, mas nas relações estabelecidas dentro dos espaços criados para conviver, ensinar, trabalhar, etc. com o outro. Se entendermos que na possibilidade da inclusão sempre há a possibilidade da exclusão, não deixaremos esmaecer nossas lutas pelos direitos, pelo respeito ao outro e a nós mesmos e pela dignidade humana.

Enfim, assumimos a noção de *in/exclusão* tanto pensando que não se trata de polos dicotômicos quanto pensando que há potência de mudança cultural quando nos vemos em tensão. Assim, para que a inclusão seja assumida como uma verdade para todos, inclusive ultrapassando tipos específicos e já pensados a ser incluídos, é preciso transformá-la em um problema ético, filosófico, político e educacional. Conforme Foucault (1995, p. 239), "Temos que promover novas formas de subjetividade através da recusa deste tipo de individualidade que nos foi imposto há vários séculos".

Acreditamos que a promoção de novas subjetividades, de outras formas de vida, é possível quando nos engajamos às lutas cotidianas, não para a luta final e definitiva, mas para ativar a coragem de sempre nos mantermos em ação. Nosso pensamento precisa nos ajudar nesse exercício da crítica radical, que envolve a transformação, não apenas da situação que nos desafia, mas a nós mesmos. Não é uma luta contra o Estado, mas com as forças que nos constituem a partir dessas relações.

Denominar a educação de inclusiva nos parece uma redundância, pois educar significa trazer os "recém-chegados" para a cultura que vivemos, para um pertencimento aos diferentes grupos culturais; familiar, escolar, social, etc. A educação assim entendida é na sua gênese inclusiva, mas os processos de educação da população é que passaram e passam por processos de segregação, exclusão, em diferentes graus e tempos diferenciados. Portanto, são essas práticas que devem ser analisadas e reinventadas para que a educação possa viver a condição de inclusão. Práticas tanto no nível macro, das políticas, quanto no nível micro, das relações sociais. Não podemos inovar tanto que essa casa/cultura se torne algo estranho para quem vive e nela nasce, pois não reconhece as suas tradições. Mas também não pode ser apenas tradição, inviabilizando a capacidade de invenção, de tomar o já vivido como experiência para invenção de outras formas de vida.

Para concluir a discussão sobre a educação inclusiva, vamos buscar dados nas Diretrizes Nacionais para a Educação Especial (2001), localizando o conceito de educação especial na perspectiva da educação inclusiva. A educação inclusiva está integrada ao sistema de ensino e a educação especial integra todo o sistema educacional da educação básica até a superior. Porém, a definição nesse documento ainda a limita a educação básica. Mas a Política Nacional de Educação Especial na Perspectiva da Educação Inclusiva, de 2007, traz a seguinte definição para a Educação Especial

> A educação especial é uma modalidade de ensino que perpassa todos os níveis, etapas e modalidades, realiza o atendimento educacional especializado, disponibiliza os recursos e serviços e orienta

quanto a sua utilização no processo de ensino e aprendizagem nas turmas comuns do ensino regular (BRASIL, 2007, p. 10).

O discurso legal é um discurso importante, bem como os discursos clínicos e pedagógicos, mas como pesquisadoras que têm a inclusão como um desafio permanente, temos que continuar lançando questões a nós mesmas, para que uma educação de qualidade, seja a meta da educação em geral. Entre as inúmeras questões que nos fazemos e que propomos que sejam feitas pelos nossos leitores estão a concepção e os usos da educação especial na educação inclusiva. O que representa a manutenção da noção de "especial" nas práticas que constituem uma educação inclusiva? Ao questionarmos o *especial* não queremos dizer que práticas pedagógicas diferenciadas[19] não devam existir para que sejam atendidas as especificidades daqueles que aprendem. Tampouco queremos dizer que não são necessários especialistas que conheçam as especificidades dos sujeitos que estão na escola e saibam articular junto à gestão e aos professores, estratégias de trabalho pedagógico. Queremos é questionar se cabe a marca do "especial" naqueles que não aprendem ao mesmo tempo em que os outros, ditos normais, aprendem, que possuem deficiência, síndrome, etc. e naqueles que trabalham com estes sujeitos.

Talvez como nossa história (brasileira) é tão marcada por discriminações negativas, a existência do especial como uma marca carregada por alguns, seja ainda necessária para que, quem sabe, um dia, termos condições de falar de um *ethos inclusivo*.

---

[19] Hoje podemos ver tais práticas sendo mobilizadas pelo Atendimento Educacional Especializado (AEE). O AEE é um serviço da Educação Especial que completa a formação do aluno visando à autonomia dentro e fora da escola.

Capítulo V

Espaços onde a inclusão é tema central ou onde saber mais

Chegamos ao último capítulo deste livro. Nele temos que fazer algumas amarrações e apontar para onde os interessados em continuar estudando sobre a temática da inclusão, podem saber mais sobre o assunto. Antes de anunciar novos livros, *sites*, filmes e pesquisas que podem ser encontradas junto às Universidades brasileiras que nos conduzam a saber mais sobre o tema, neste capítulo objetivamos fazer algumas amarrações sobre os usos e os significados dados à inclusão que circulam no campo da educação brasileira. A dispersão enunciativa em diferentes momentos dificultou a nossa abordagem e a definição de um foco analítico. Diante disso optamos por apresentar aos leitores em um primeiro momento interpretações mais abertas de cunho sociológico, político e filosófico que determinam as condições de possibilidade da emergência dos usos da inclusão no campo da educação do presente.

Embora em uma dimensão de políticas nacionais a inclusão esteja fortemente voltada para a erradicação da miséria, da pobreza absoluta que assola milhões de brasileiros e da "inserção" prioritária de crianças e jovens na escola regular, ela vem sendo, desde a última década dos anos de 1990 até a atualidade, amplamente utilizada como mote para a mudança das condições de vida daqueles que denominamos a partir de Castel (2008) *discriminados negativamente*. Após essa primeira abordagem mais ampla que trama conceitos fundamentais para o entendimento da inclusão como a estamos entendendo no Brasil, ou seja, como imperativo de Estado e estratégia educacional para mobilizar os sujeitos a participar de outras formas mais produtivas e para diminuir as discriminações negativas que enfrentamos historicamente em distintas instâncias de participação social e educacional.

Como já escrito, assumimos juntamente com o Grupo de Estudo e Pesquisa em Inclusão (GEPI/UNISINOS) o entendimento da inclusão como imperativo de Estado e estratégia educacional, bem como a compreensão que vivemos na Contemporaneidade, práticas de *in/exclusão*. Trata-se de um tempo em que podemos estar incluídos/inseridos nos mesmos espaços, podemos compartilhar condições materiais e financeiras semelhantes, podemos fazer o discurso das múltiplas aprendizagens e das capacidades dos sujeitos, mas relacional e subjetivamente a discriminação contra o outro ainda se mantém em nossa cultura, constituindo muitas práticas que podemos ver nas escolas, nas ruas, no mercado de trabalho, etc. Portanto, assumimos a noção de *in/exclusão* por reconhecermos que modificar os números da inclusão no País não é o mesmo que mudar o *êthos* ou a cultura de discriminação que constitui os sujeitos.

Ao longo dos anos que investigamos a temática da inclusão muitos foram os conceitos que vimos circular nos espaços que investigamos. Entre os conceitos observados destacamos: inclusão como algo distinto da integração; inclusão como o oposto da exclusão; inclusão como sinônimo de adaptações arquitetônicas e pedagógicas; inclusão como conjunto de práticas que subjetivam os indivíduos e os conduzem a olhar para si e para os outros a partir de uma norma preestabelecida (no caso da sociedade moderna disciplinar) ou a partir de um normal estabelecido no interior de grupos ou comunidades (no caso da sociedade contemporânea de seguridade ou de normalização); inclusão como condição de vida em luta pelo direito de autorrepresentação, participação e autonomia; e como práticas sociais, culturais, educacionais e de saúde, entre outras, que visam à população que se quer conduzir.

Independentemente dos entendimentos possíveis para a palavra inclusão, o que importa aqui é que todos são possíveis no presente, ou seja, todos os usos de onde derivam tais conceitos e vice-versa, circulam no cotidiano produzindo verdades sobre os outros, a diferença, a diversidade e nós mesmos. Diante disso, não concluímos o livro com a conclusão do assunto; pelo contrário, com o livro ampliamos ainda mais o assunto. Esperamos que ele ainda seja amplamente discutido e colocado sob tensão para que *subjetividades inclusivas* sejam forjadas nas infindáveis práticas de constituição de sujeitos.

Com a finalidade de fazer circular não só entendimentos sobre a inclusão mas também a produção sobre o tema, finalizamos com a indicação de bibliografia, *sites* e filmes para que os interessados possam saber mais. Ao listar as referências que seguem, em momento algum tivemos a pretensão de esgotar as produções existentes. Portanto, muitas produções de qualidade podem ficar fora de nossa lista. Desculpem-nos seus autores, produtores, organizadores.

Visando contemplar alguns *sites* que têm como foco a inclusão, sugerimos que os interessados entrem no diretório dos grupos de pesquisa do CNPq (www.cnpq.br) e lá façam uma busca usando o descritor *inclusão*. Muitos endereços de grupos de pesquisa, em todo o Brasil, serão apresentados. Cada grupo aborda o tema por um viés e referencial diferente. Referimo-nos àqueles grupos que tematizam a inclusão pelo viés das pessoas com deficiência; outros que tematizam a inclusão pelo viés de gênero, raça/etnia e religiosidade e, outros ainda, que a tematizam pelo viés da pobreza e do trabalho.

Além dos endereços possíveis de ser acessados, revistas on-line estão disponíveis problematizando a educação inclusiva e a educação especial na perspectiva da educação inclusiva. Entre as revistas que podem ser consultadas estão:

- *Revista de Educação do Ministério da Educação*: <http://portal.mec.gov.br/seesp/arquivos/pdf/revistainclusao.pdf>

- *Revista de Educação Especial, editada pela Universidade Federal de Santa Maria (RS)*: <http://cascavel.ufsm.br/revistas/ojs-2.2.2/index.php/educacaoespecial>

- *Revista Brasileira de Educação Especial, da Associação Brasileira de Pesquisadores em Educação Especial*: <http://www.scielo.br/scielo.php?script=sci_issues&pid=1413-6538&lng=pt&nrm=isso>

- *Revista Pró-inclusão, da Associação Nacional de Docentes de Educação Especial*: <http://gritodemudanca.blogspot.com.br/2013/05/revista-educacao-inclusiva-vol-4-n-1.html>

- *Revista Ponto de Vista*: revista de educação e processos inclusivos, da Universidade Federal de Santa Catarina: <https://periodicos.ufsc.br/index.php/pontodevista/article/view/1402/1499>

Além das revistas que estão voltadas para a discussão da inclusão, outras revistas no campo da educação têm produzido exemplares interessantes com dossiês e artigos de especialistas brasileiros e estrangeiros sobre os temas da inclusão, da diferença e da diversidade. Também muitos são os livros publicados sobre o tema da inclusão. Sugerir alguns e não outros seria arriscado, pois certamente deixaríamos boas obras de fora. Então, além das referências usadas por nós, sugerimos buscar em editoras, via web.

*

Para finalizar, seguem algumas sugestões de filmes que podem ser utilizados na discussão da inclusão.

— **300 Ascensão do Império** (*300 Rise of an Empire*). Diretor: Zack Snyder, 2014. O filme mostra a eliminação de crianças em Esparta.

— **O Corcunda de Notre Dame**, (*The Hunchback*). Diretor: Peter Medak, 1997. Influência da igreja no destino das pessoas com deficiência.

— **O Nome da Rosa** (*Le Nom de la Rose*). Diretor: Jean-Jacques Annaud, 1986. Inquisição e relação da igreja com a deficiência.

— **As Bruxas de Salém** (*The Crucible*). Diretor: Nicholas Hytner, 1996. O filme detalha as ações da Igreja Puritana ao enfrentar as bruxarias de algumas mulheres, nos Estados Unidos, no final do século XVII.

— **Como estrelas no céu. Toda criança é especial.** (*Taare Zameen Par*). Diretor: Aamir Khan, 2007. Um aluno com dislexia é o foco da narrativa.

— **Temple Grandin.** (*Temple Grandin*). Diretor: Mick Jackson, 2010. A vida de uma mulher autista que cursou o doutorado.

Referências

BAPTISTA, C. R.; JESUS, D. M. (Org.). *Avanços em políticas de inclusão. O contexto da educação especial no Brasil e em outros países*. Porto Alegre: Mediação, 2009.

BARRETO, V. P.; CULLETON, A. *Dicionário de filosofia política*. São Leopoldo: Ed. Unisinos, 2010.

BIANCHETTI, L. Aspectos históricos da educação especial. *Revista Brasileira de Educação Especial*, Marília, v. 2, n. 3, 1995. Disponível em: <http://educa.fcc.org.br/scielo.php?script=sci_arttext&pid=S141353381995000100002&lng=pt&nrm=iso>. Acesso em: 18 jul. 2013.

BONETI, L. W. Exclusão, inclusão e cidadania no ideário neoliberal. In: ALMEIDA, M. L. P.; BONETI, L. W. (Org.). *Educação e cidadania no neoliberalismo. Da experiência à análise crítica*. Campinas: Mercado das Letras, 2008. p. 19-34.

BRANDÃO, A. A. Conceitos e coisas: Robert Castel, a "desfiliação" e a pobreza urbana no Brasil. *Emancipação*. n. 1, v. 2, 2002, p. 141-157.

BRASIL. Constituição Politica do Imperio do Brazil, Rio de Janeiro, 1824. (Manteve-se a redação da época). Disponível em: <https://www.planalto.gov.br/ccivil_03/Constituicao/Constitui%C3%A7ao24.htm>. Acesso em: 23 abr. 2013.

BRASIL. Ministério da Educação Lei de Diretrizes e Bases da Educação. Lei nº 5.692, de 11 de agosto de 1971. Disponível em: <http://www.planalto.gov.br/ccivil_03/Leis/L4024.htm>.

BRASIL. Ministério da Educação. Conferência Nacional de Educação para Todos. Brasília: MEC, 1994.

BRASIL. Ministério da Educação. Lei de Diretrizes e Bases da Educação. Lei nº 4024, de 20 de dezembro de 1961. Disponível em: <http://www.planalto.gov.br/ccivil_03/Leis/L4024.htm>. Acesso em: 23 jul. 2013.

BRASIL. Ministério da Educação. Lei de Diretrizes e Bases da Educação Nacional, n. 9394. Brasília, DF, 1996.

BRASIL. Ministério da Educação. Resolução n. 2. Diretrizes Nacionais para a Educação Especial na Educação Básica, DF: 2001.

BRASIL. Ministério da Educação. Secretaria de Educação Especial. Política Nacional de Educação Especial na perspectiva da Educação Inclusiva, Brasília, DF, 2008.

BRASIL. Senado Federal. Constituição da República Federativa do Brasil. Brasília, DF, 1988.

BUENO, J. G. S. *Educação especial brasileira*. São Paulo: EDUC; FAPESP, 2004.

CANDIOTTO, C.; D'ESPÍNDULA, T. S. Biopoder e racismo político: uma análise a partir de Michel Foucault. In: *Revista Internacional Interdisciplinar INTERthesis*. Florianópolis, v. 9, n. 2, jul./dez. 2012.

CASTEL, R. A dinâmica dos processos de marginalização: da vulnerabilidade a "desfiliação". *Caderno CRH*, n. 26. v. 10. jan./dez, 1997. Salvador. Disponível em: <http://www.cadernocrh.ufba.br/viewarticle.php?id=193&layout=abstract&OJSSID=338cf53f8a2dea30d75b0df9d3d42f46>. Acesso em: 12 jun. 2013.

CASTEL, R. *A discriminação negativa. Cidadãos ou autóctones?* Rio de Janeiro: Vozes, 2008.

CASTEL, R. *As metamorfoses da questão social*. Petrópolis: Vozes, 1998.

CASTRO, E. M. *Vocabulário de Foucault: um percurso pelos seus temas, conceitos e autores*. Belo Horizonte: Autêntica, 2009.

DOLCI, S. M. C. Viabilização da proposta "Apae Educadora: a escola que buscamos". In: LEBEDEFF, T. B; PEREIRA, I. L. S. (Orgs.). *Educação especial: olhares interdisciplinares*. Passo Fundo: Ed. UPF, 2005.

DUSCHATZKY, S.; SKLIAR, C. O nome dos outros. Narrando a alteridade na cultura e na educação. In: LARROSA; J.; SKLIAR, C. (Orgs.). *Habitantes de Babel*. Belo Horizonte: Autêntica, 2001.

DUSSEL, I.; CARUSO, M. *A invenção da sala de aula: uma genealogia da sala de aula*. São Paulo: Moderna, 2003.

FABRIS, E. H.; LOPES, M. C. Quando o "estar junto" transforma-se numa estratégia perversa de exclusão. SEMINÁRIO INTERNACIONAL: EDUCAÇÃO, GÊNERO E MOVIMENTOS SOCIAIS, 2. *Anais...* abr. 2003. Disponível em: <http://www.rizoma.ufsc.br/html/911-of3-st3.htm>. Acesso em: 22 jul. 2013.

FOUCAULT, M. *Ditos e escritos IV*. Rio de Janeiro: Forense Universitária, 2003.

FOUCAULT, M. *Dits et écrits IV* (1980, 1988). Paris: Gallimard, 2006. p. 178-182.

FOUCAULT, M. *História da sexualidade I. A vontade de saber*. Rio de Janeiro: Graal, 1999.

FOUCAULT, M. *Nascimento da biopolítica*. São Paulo: Martins Fontes, 2008b.

FOUCAULT, M. O que são as luzes? In: FOUCAULT, M. *Ditos & escritos II: arqueologia das ciências e história dos sistemas de pensamento*. Rio de Janeiro: Forense Universitária, 2005.

FOUCAULT, M. O sujeito e o poder. In: DREYFUS, Hubert L. *Michel Foucault, uma trajetória filosófica: para além do estruturalismo e da hermenêutica*. Tradução de Vera Portocarrero. Rio de Janeiro: Forense Universitária, 1995.

FOUCAULT, M. *Os anormais*. Curso no Collège de France (1974-1975). São Paulo: Martins Fontes, 2001.

FOUCAULT, M. *Segurança, território, população*. Curso no Collège de France (1977-1978). Tradução de Eduardo Brandão; revisão da tradução de Claudia Berliner. São Paulo: Martins Fontes, 2008a.

FREITAS, N. K. Políticas públicas e inclusão: análise e perspectivas educacionais. *Jornal de Políticas Educacionais*. n. 7, jan./jun. de 2010, p. 25-34.

GROS, F. Direito dos governados, biopolítica e capitalismo. In: NEUTZLING, I. RUIZ, C. M. (Org.). *O (des)governo biopolítico da vida humana*. São Leopoldo: Casa Leiria, 2011. p. 105-122.

JANUZZI, G. M. *A educação do deficiente no Brasil. Dos primórdios ao início do século XXI*. Campinas: Autores Associados, 2004.

KANT, I. *Sobre a pedagogia*. Piracicaba: UNIMEP, 1996.

KASSAR, M. C. M. Liberalismo, neoliberalismo e educação especial: algumas implicações. In: *Cadernos CEDES*, Campinas, v. 19, n. 46, set. 1998.

LEBEDEFF, T. B.; PEREIRA, I. L. S. *Educação Especial: olhares interdisciplinares*. (Orgs.). Passo Fundo: Ed. UPF, 2005.

LOPES, M. C. Inclusão como estratégia e imperativo de Estado: a educação e a escola na produção de sujeitos capazes de incluir. In: RESENDE, H. *Michel Foucault: o governo da infância*. Belo Horizonte: Autêntica, 2013. (No prelo).

LOPES, M. C. Norma, inclusão e governamentalidade neoliberal. In: CASTELO-BRANCO, G. VEIGA-NETO, A. (Org.). *Foucault: filosofia e política*. Belo Horizonte: Autêntica, 2011. p. 283-298.

LOPES, M. C. Políticas de inclusão e governamentalidade. In: THOMA, A. S. HILLESHEIM, B. (Org.). *Políticas de inclusão: gerenciando riscos e governando as diferenças.* Santa Cruz do Sul: EDUNISC, 2011. p. 7-15.

LOPES, M. C. Políticas de inclusão e governamentalidade. *Revista Educação & Realidade*, Porto Alegre, v. 34(2): maio/ago. 2009, p. 153-169.

LOPES, M. C.; DAL'IGNA, M. C. Subjetividade docente, inclusão e gênero. *Educação & Sociedade. Revista de Ciências da Educação,* Campinas, v. 33, n. 120, p. 851-868, jul./set. 2012, p. 851-868.

LOPES, M. C.; FABRIS, E. T. H. *Dificuldade de aprendizagem: uma invenção moderna.* 28ª Reunião Anual da ANPED, Caxambu (MG), 2005.

LOPES, M. C.; LOCKMANN, K.; HATTGE, M. D.; KLAUS, V. Inclusão e biopolítica. *Caderno IHU Ideias*, São Leopoldo, ano 8, n. 144, 2010.

LOPES, M. C.; RECH, T. L. Inclusão, biopolítica e educação. In: *Educação.* PUCRS, Porto Alegre, v. 36, n. 2, maio/ago. 2013, p. 210-219.

LOPES, M. C.; SILVEIRA, P. B. Não-aprendizagem e (in)disciplina na escola moderna. In: LOPES, M. C.; FABRIS, E. H. (Orgs.). *Aprendizagem & inclusão: implicações curriculares.* Santa Cruz do Sul: EDUNISC, 2010. p. 15-32.

MARIN-DIAZ, D. L. Autoajuda e educação: uma genealogia das antropotécnicas contemporâneas. 2012. 310 f. Tese (Doutorado em Educação) - Universidade Federal do Rio Grande do Sul, Porto Alegre, 2012.

MAZZOTA, M. J. S. *Educação especial no Brasil. História e políticas.* São Paulo: Cortez, 2001.

MENEZES, E. C. P. A maquinaria escolar: na produção de subjetividades para uma sociedade inclusiva. 2011. 189 f. Tese (Doutorado em Educaão) - Universidade do Vale do Rio dos Sinos, São Leopoldo, 2011.

MILLER, P.; ROSE, N. *Governando o presente: gerenciamento da vida econômica, social e pessoal.* Tradução: Paulo Ferreira Valerio. São Paulo: Paulus, 2012.

NOGUERA-RAMÍREZ, C. E. *Pedagogia e governamentalidade ou da modernidade como uma sociedade educativa.* Belo Horizonte: Autêntica, 2011.

ONU. Organização das Nações Unidas. Declaração Universal dos Direitos Humanos, 10 dez. 1948. Disponível em: <http://

portal.mj.gov.br/sedh/ct/legis_intern/ddh_bib_inter_universal.htm>. Acesso em: 30 ago. 2013.

PINEAU, P. Como a noite engendra o dia e o dia engendra a noite. Revisando o vínculo da produção mútua entre escola e modernidade. *Pro-Posições*, Campinas, v. 19, n. 3 (57). set./dez. 2008.

PROVIN, Priscila. O imperativo da inclusão nas universidades gaúchas: produzindo atitudes de inclusão. Dissertação de mestrado (Mestrado em Educação) - Programa de Pós-Graduação em Educação, Universidade do Vale do Rio dos Sinos, São Leopoldo, 2011.

RECH, T. L. A emergência da inclusão escolar no governo FHC: movimentos que a tornaram uma verdade que permanece. Dissertação (Mestrado em Educação) - Programa de Pós-Graduação em Educação, Universidade do Vale do Rio dos Sinos, São Leopoldo, 2010.

SARAIVA, K.; LOPES, M. C. Educação, inclusão e reclusão. *Currículo sem Fronteiras*. Porto Alegre, Pelotas, v. 11, n. 1, jan./jun. 2011, p. 14-33.

SARDAGNA, H. V. Educação para todos: uma política do mundo global. *Revista Liberato*, Novo Hamburgo, 2006. Disponível em: <http://www.liberato.com.br/upload/arquivos/0131010717390616.pdf>. Acesso em: 18 jul. 2013.

SENELLART, M. A crítica da razão governamental em Michel Foucault. *Tempo Social*; Rev. Sociol. USP, S. Paulo, 7(1-2): 1-14, outubro de 1995.

SILVA, R. R. D.; FABRIS, E. T. H. O jogo produtivo da educabilidade/governamentalidade na constituição de sujeitos universitários. *Revista Brasileira de Educação* [online], 2010, v. 15, n. 44. p. 352-363.

STAINBACK, S.; STAINBACK, W. *Inclusão: um guia para educadores*. Porto Alegre: Artes Médicas Sul, 1999.

TEZZARI, M.; BAPTISTA, C. A medicina como origem e a pedagogia como meta da ação docente na educação especial. In: CAIADO, K. R. M.; JESUS, D. M.; BAPTISTA, C. R. (Orgs.). *Professores e educação especial: formação em foco*. Porto Alegre: Mediação, ADV/FACITEC, 2011.

TOURAINE, A. *Pensar de outro modo*. Lisboa: Instituto Piaget, 2010.

TRAVERSINI, C. S.; BELLO, S. E.o L O numerável, o mensurável e o auditável: estatística como tecnologia para governar. *Revista Educação & Realidade*, Porto Alegre, v. 34(2), maio/ago. 2009, p. 135-152.

UNESCO. *Declaração de Salamanca*. Salamanca, Espanha, 1994.

UNESCO. Declaração Mundial sobre Educação para Todos. Jomtien, Tailândia, 1999.

UNESCO. Organização das Nações Unidas para a Educação, a Ciência e a Cultura. Declaração Mundial sobre Educação para Todos, Plano de ação para satisfazer as necessidades básicas de aprendizagem de 5 a 9 de março de 1990. Jomtiem, Tailândia. Disponível em: <http://www.direitoshumanos. usp.br/index.php/Direito-a Educa%C3%A7%C3%A3o/declaracao-mundial-sobre-educacao-para-todos.html>. Acesso em: 30 ago. 2013.

VARELA, J. Categorias espaçotemporais e socialização escolar: do individualismo ao narcisismo. In: COSTA, M. V. (Org.). *Escola Básica na virada do século: cultura, política e currículo*. São Paulo: Cortez, 2002. p.73-106.

VARELA, J; ALVAREZ-URIA, F. La maquinaria escolar. In: VARELA, J; ALVAREZ-URIA, F. *Arqueologia de La escuela*. Madrid: La Piqueta, 1992. p. 13-54.

VEIGA- NETO, A. Incluir para excluir. In: LARROSA; J.; SKLIAR, C. (Orgs.). *Habitantes de Babel*. Belo Horizonte: Autêntica, 2001. p. 105-118.

VEIGA-NETO, A. Coisas do governo... In: RAGO, M.; ORLANDI, L.; VEIGA-NETO, A. (Org.). *Imagens de Foucault e Deleuze: ressonâncias nietzschianas*. Rio de Janeiro: DP&A, 2002. p. 13-34.

VEIGA-NETO, A. Educação e governamentalidade neoliberal: novos dispositivos, novas subjetividades. In: PORTOCARRERO, V. CASTELO BRANCO, G. (Orgs.). *Retratos de Foucault*. Rio de Janeiro: Nau, 2000. p. 179-217.

VEIGA-NETO, A.; LOPES, M. C. Inclusão e Governamentalidade. *Educação e Sociedade*. Campinas, v. 28, n. 100 - Especial, p. 947-963, out. 2007. Disponível em: <http://www.cedes.unicamp.br>. Acesso em: 19 abr. 2012.

VEIGA-NETO, A.; LOPES, M. C. Rebatimentos: a inclusão como dominação do outro pelo mesmo. In: MUCHAIL, S. FONSECA, M. A.; VEIGA-NETO, A. (Orgs.). *O mesmo e o outro: 50 anos de "História da Loucura"*. Belo Horizonte: Autêntica, 2013. (No prelo).

WALDSCHMIDT, A. Who is normal? Who is deviant? "Normality" and "risk" in genetic diagnostics and counseling. In: TREMAIN, S. (Ed.). *Foucault and the government of disability*. University of Michigan (USA), 2005. p. 191-207.

WITTENGESTEIN, L. *Investigações filosóficas*. São Paulo: Abril Cultural, 1979.

As autoras

Maura Corcini Lopes
Doutora (2002) e Mestre (1997) em Educação, pela Universidade Federal do Rio Grande do Sul (UFRGS); Licenciada em Educação Especial (1993), pela Universidade Federal de Santa Maria. Realizou estudos de pós-doutorado (bolsa Capes) na Universidade de Lisboa (2012). Pesquisadora Produtividade Pesquisa – CNPq. É professora titular da Universidade do Vale do Rio dos Sinos (UNISINOS), onde orienta mestrado e doutorado no Programa de Pós-Graduação em Educação (Linha de Pesquisa: Formação de Professores, Currículo e Práticas Pedagógicas). As pesquisas que desenvolve abordam os seguintes temas: inclusão, currículo, diferenças na escola e educação de surdos. Problematiza o caráter in/excludente das práticas e do currículo escolar. Coordenadora do Grupo Interinstitucional de Pesquisa em Educação de Surdos (GIPES/CNPq) e vice-coordenadora do Grupo de Estudo e Pesquisa em Inclusão (GEPI/CNPq).

Eli Terezinha Henn Fabris
Doutorado (2005) e Mestrado (1999) em Educação, pela Universidade Federal do Rio Grande do Sul (UFRGS). Graduada em Pedagogia – Administração Escolar e Orientação Educacional (1979), pela Universidade de Passo Fundo. Exerceu a docência nas redes estadual, municipal e particular de ensino, além de atuar nas funções de direção, vice-direção, orientação e supervisão escolar. Atualmente é professora da Universidade do Vale do Rio dos Sinos, no curso de Pedagogia e no Programa de Pós-Graduação em Educação. Nessa mesma instituição, coordenou o curso de Especialização em Educação Especial, o Programa de Educação e Ação Social (EDUCAS) e o Programa de Iniciação à Docência (PIBID/CAPES/UNISINOS). Atuou também na Equipe de Formação de Professores da Universidade, desenvolvendo atividades de formação pedagógica junto aos professores universitários. As pesquisas que desenvolve têm como foco: o currículo, a formação de professores, a relação entre a Universidade e a Educação Básica e suas relações com processos de in/exclusão na escola contemporânea. Coordenadora do Grupo de Estudo e Pesquisa em Inclusão (GEPI/CNPq).

Este livro foi composto com tipografia Bembo e impresso
em papel Off Set 75 g/m² na Formato Artes Gráficos.